你和美国名校

一步之遥

★★★ 留学美国全攻略

晓 荷 编著

山西出版传媒集团 山西教育出版社

图书在版编目（C I P）数据

你和美国名校一步之遥：留学美国全攻略/赫景秀著. —太原：山西教育出版社，2017.2
ISBN 978-7-5440-7921-1

Ⅰ.①你… Ⅱ.①赫… Ⅲ.①留学教育-概况-美国 ②高等学校-介绍-美国 Ⅳ.①G649.712.8

中国版本图书馆 CIP 数据核字（2015）第 251012 号

你和美国名校一步之遥：留学美国全攻略

NI HE MEIGUO MINGXIAO YIBUZHIYAO：LIUXUE MEIGUO QUANGONGLÜE

责任编辑 潘 峰
助理编辑 晋晓敏
复　　审 杨 文
终　　审 郭志强
装帧设计 王耀斌
印装监制 贾永胜

出版发行 山西出版传媒集团 · 山西教育出版社
（太原市水西门街馒头巷 7 号　电话：4035711　邮编：030002）
印　　装 山西新华印业有限公司
开　　本 890×1240　1/32
印　　张 6
字　　数 130 千字
版　　次 2017 年 2 月第 1 版　2017 年 2 月山西第 1 次印刷
书　　号 ISBN　978-7-5440-7921-1
定　　价 15.00 元

前 序

2016年八月中旬的一天，我到洛杉矶机场接机，看到从北京来洛杉矶的出站口出来的几乎都是一群12至25岁的青少年。他们脸上挂满了稚嫩，身体还没有成长饱满。这些青少年有的眼里充满了期盼，有的目光中藏着疑惑，有的满脸挂着迷茫。就这样，他们来到了美国这块他们并不熟悉却又充满了期盼的土地上。

从他们踏上美国这片土地的第一刻起，他们的人生就注定了一个全新的开始，也注定了未来的道路将有一个与他们在中国很不同的发展方向。这是喜？是忧？是苦？是乐？其中的滋味可能只有这些青年学子自己能体会。

根据美国《门户开放报告》显示，2015至2016年度，美国大学和学院招收的国际本科生和研究生的人数是1 043 839人，比10年前增加了40%以上。外国学生的涌入，给美国的经济以巨大的支持。在过去的10年，美国经济中人约有240亿美元来自于外国学生，仅2015年，国际学生对美国的经济贡献就达到了305亿美元左右，这也给美国的教育基金减少了部分压力。根据统计，美国的所有国际学生中约有72%的学生不依赖学校而自行解决上学的全部费用。而在这1 043 893名留学生中，有54%来自于中国、印度和沙特阿拉伯。增长最快的是中国留学生，仅2015至2016年增长率达到8.1%，总人数达到328 547人，占外国留学生总数的32%。其中本科生的增长率达到26%。在美国，每10个本科大学生中就有一个是外国学生。

对于中国留学生来说，到美国上学最热门的学科领域是商业和管理，而印度学生比较喜欢选择科学、技术、工程和数学，韩国学生则比较喜欢商业和艺术。该报告还显示，来自巴西、沙特阿拉伯和科威特的本科生比以往有所增加，这主要归因于美国的大学给予这些地区的奖学金政策。

在美国的国际留学生分布版图上，最多国际学生选择的州是加州，大约有10万留学生。其次是纽约州，得克萨斯州，马萨诸塞州，伊利诺伊州。在排名前10个州的版图中，马萨诸塞州、宾夕法尼亚州和印第安纳州的留学生增长率最高，可达到10%至13%。在大都会区里，纽约、波士顿、达拉斯、西雅图、圣地亚哥、匹兹堡和巴尔的摩都有超过10%的增长。

美国洛杉矶的南加州大学在2014年之前的12年是接收国际学生最多的学校，其次是伊利诺伊州的厄巴纳大学香槟分校、普渡大学、纽约大学和哥伦比亚大学。伊利诺伊州的厄巴纳大学香槟分校一学年招收9 804名学生，其中3846人来自中国。到2016年，佛罗里达技术学院（Florida Institute of Technology）代替了南加州大学成为招收国际学生最多的大学。

这么多中国青少年走出国门来到美国求学，他们到美国求学的目的是什么？他们想往哪个学科方向发展，他们对美国的教育制度以及美国的科研体系了解多少，他们真的能学有所成，将来回国或者是留在美国成为栋梁之材吗？

对于这所有的问题，他们基本上没有一个完整的答案。他们走出国门投入美国教育体系中，实际上可能是出于对国内教育体制的失望，对周边高压教育环境的无奈，受到中国国内某些教育代理机构夸张宣传的鼓动，以及盲目攀比的心态。

真正意义上的出国留学，孩子要有一个确定的目标。作为家长，让你的孩子出国之前，你要先问自己几个问题：你的孩子能够独立生活吗？你的孩子能够独立保护自己吗？你的孩子能够独立安排自己的学习规划吗？你的孩子有确定的学习目标吗？你的孩子能够独立分辨是非对错吗？如果回答是否定的，你得犹豫一下：孩子是否适合出国留学？如果回答是肯定的，就送孩子来美国吧，孺子可教也。

我的这本拙作，就是想给那些想出国留学的小学生、中学生、大学生和研究生们介绍一些有关美国教育体系的现况，美国社会对于留学生的接纳程度，中国在美留学生的现状等。从而使那些想把孩子送到美国留学的家长们有比较深入的思考和周全的考量，然后做出一个比较真实的判断。当然，文中的内容也可能不是很周全，希望能够起到抛砖引玉的作用。

最后，特别感谢屈建平、余超英老师在写作期间对我的关怀与帮助及对本书的大力支持。

目　录

第一章　送孩子出国，要做好切实评估

根据美国国际教育协会提供的数据，2016年，有超过73 000名的国际学生注册美国的高中，这些学生中有三分之二大约49 000名获得了美国学生签证，进入高中学习准备获取美国高中文凭。这个数字是2004年（16 000名学生）的三倍。而作为短期高中交流项目，国际交流学生人数也比上年度增长了15%。

外国高中生到美国学习，其最终目的是能够进入美国的理想大学，接受美式高等教育。在这些大量的国际高中生中，有半数以上来自亚洲国家，尤其是中国。根据同一家研究机构的报道，在美国50个州中就有42个州的近2 200所私立高中接受来自海外的国际高中生，这些学生占私立学校总招生人数的95%。而根据美国《门户开放报告》显示，2015至2016年度，美国招收的国际本科生和研究生的人数是1 043 893人，比10年前增加了40%以上。

这么多海外学子来美留学，他们能适应美国吗？他们能学有所成吗？他们应当如何自我调适，成为一个优秀的学生，成为未来社会的栋梁之材？这是众多的家长和教育界人士所关注的问题。

中国人送孩子到美国留学，有一个很大的认识上的误区，就是一味地追求名校和热门专业。而名校和热门专业所能提供给孩子们的核心精神价值是什么，很多家长却不了解。

美国的精英教育不是高精尖的学术训练，不是进入高级职场的入场券，更不是显示身份的烫金名片。虽然纯熟的学术训练是必须的，但名校更注重培养学生高尚的人文情怀和触及心灵深处的人生观、价值观。这种熏陶教育是无形而有力度的。美国的名校对于核心价值的训练，是有整体的规划和思考的。

想要成为社会的精英，就要对社会承担一定的责任，在坚实的学术基础之上要对自我有一个清醒的认识，学会如何思考和处理专业领域以外的，如个人价值观选择、社会责任等方面的问题。

真正属于精英的人文和素质教育，不是随时展示的才艺，也不是通向高薪工作的途径，而是追求一种高远的人生境界，倡导一种回归内心的生活方式。这种教育要求每个个体对其人生目标和价值观做自我拷问和自我回答，并对自我与世界的关系进行不断的反思和调适。

一、对孩子适应环境能力的考量：出国留学，你能独立生活吗？

很多家长送孩子到美国留学，无论是高中还是大学，目的都是想让自己的孩子赢在起跑线上。但是，什么是“赢”？

一些家长从没有到过美国，根本没有仔细地了解美国的教育体系，没有参观过美国的校园，没有接触过美国的学生，就把孩子送到美国来。他们对美国社会和美国教育的了解，是从电视、书本、网络和人们的口口相传中得到的。这仅仅是一些片面的信息，是一个很不全面的美国教育。这些家长把孩子送出国，在潜意识中有没有放下负担、完成使命、推卸责任，甚至是还债或者是赎罪的心态？如果是在这种心态下送孩子出国，家长同孩子能有良好的互动和沟通吗？家长能够全面了解孩子在美国的生活和学习吗？家长能体验孩子在异国他乡学习的苦闷吗？家长能了解孩子在美国的孤独吗？

不管怎样，现在很多孩子因为抵触国内的教育教学方法，反感家长的越俎代庖才想走出国门，觉得在海外就能够一展才华。但是抵触国内教育，不等于国外的教育就优秀，更不等于国外的教育体系就适合你。孩子们尤其是那些年纪非常小的留学生在出国之前，有没有对自己做一个全面的基本的评估：你是否适合到国外上学？你是否能适应国外的教育环境？你是否能够独立生活？你是否能够迎接各种挫折的挑战？这个评估对孩子将来无论在国外或是回国发展来讲，都是非常重要的。

（一）生活能力的评估

留学生到海外留学，首先面临的不是学习问题，而是生活问题。什么是生活问题？其实就是：“柴米油盐酱醋茶”。这些生活中的一点一滴，每一个细节都会严重影响到孩子对学习、对生活、对环境、对自我、对未来的信心。

有一位来自北京的孩子到美国上高中，住在寄宿家庭。有一天，她自己卫生间的淋浴喷头坏了，她事先没有取得寄宿家庭主人的允许，乘着男女主人都不在家的时候就到主人卧室的卫生间洗了澡。洗澡之后，她掉落的长头发粘在洗澡间的墙上。女主人误会以为男主人带了不三不四的女人回家过夜，同男主人发生争吵，搞得大家非常尴尬。

还有一位来自上海的孩子到美国基督教私立高中上学，住在寄宿家庭。他因为反感寄宿家庭周末带他去教堂，就自己租了一个公寓住。他平时一个人住太寂寞，就养了四条狗。狗的叫声影响到邻居的生活，邻居将他告到警察局。警察以他的住处不适宜养狗为名，将他的狗全部带走。这事对这位高中生的心理产生了巨大的打击。从此，他没有心思上学，成绩也开始直线下滑。

不少留学中介机构在宣传中介绍，到美国上高中或者大学，学生们寄宿的家庭都是美国中产阶级白人家庭，这些家庭成员有爱心，对孩子的照顾非常周到，等等。这种宣传多少带有误导的成分。融入一个群体都不是容易的事情，何况融入一个家庭。在寄宿家庭中生活，孩子在各个方面都要小心谨慎。寄宿家长的生活习惯、饮食习惯、偏好忌讳，留学生们都要了解，如果这些处理得不好与寄宿家长产生隔膜，会在留学生的心理上造成一些压力。

事实上，留学生们从中国到美国实现了东西文化的跨越，要学习的不仅是学校里、书本上的知识，更需要学习的是生活知识。下面这些生活必需的常识，是留学生们来美国之前就应当了解的。

1. 开账户：留学生怎样开账户？

小蕊来洛杉矶的南加州大学上大一，她的托福考试成绩是110分，凭她的英语水平到银行开账户应当轻而易举。但当她来到银行后，工作人员问她要开什么账户，需要什么样的支票，支票的支付人是谁，需不需要开设网上银行和网上支付……小蕊完全蒙了，她不知道该怎样回答。这些东西对她来说基本上是一个全新的领域，她之前根本没有接触过私人支票，也没有用过网上银行。

像小蕊这种情况绝不是个例。

根据美国的法律，未年满18周岁的青少年不能独立拥有个人名义的银行账户。可到美国留学的学生中有很大一部分是未年满18周岁的小留学生。这些小留学生必须要拥有自己的私人账户，在生活中才能方便处理财务事宜。开账户是一个非常隐私的个人事务，寄宿家庭成员不能帮你。如果家长陪伴留学生赴美，事情就比较简单：家长以自己的名义开个账户，把留学生作为家长的附属，孩子可以使用家长名下的支票账户和款项。如果没有家长的账户，小留学生可能需要监护人帮助开设一个账户，附加小留学生的名字，并且由监护人同意，他才能使用这个账户。

对于18岁以上的大学生，则要学会使用私人支票，美国很多款项的支付需要支票。学会如何使用支票交付学费、书本费、活动费、餐饮费、停车费等就是生活的基本技能了。（附图，支票的填写

方法）

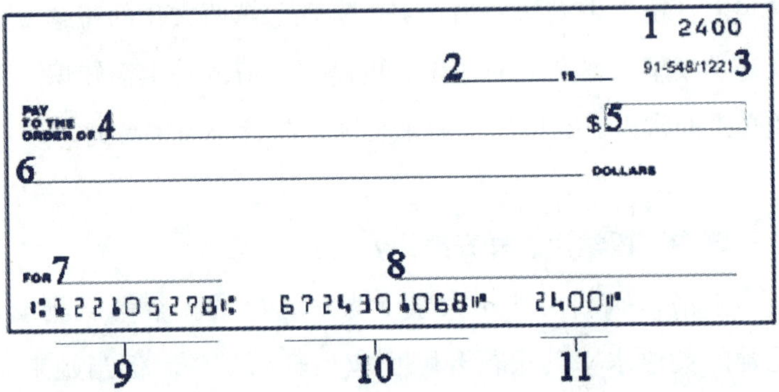

1. 支票号码　2. 填写支票的日期　3. 支票代码
4. 接受支票名称　5. 支票数字金额　6. 支票数字大写金额
7. 支票使用用途　8. 开支票者签名　9. 支票所有银行代码
10. 银行账户号码　11. 支票号码

填写支票是基本生活能力

2. 买汽车：如何用合适的价格买到心仪的二手车？

在美国的一些大都市上学，没有汽车寸步难行。对于那些上大学的学生来说，汽车是非常重要的交通工具。他们参加社会活动、交友、实习等等，有汽车是一个基本条件。如果幸运的话买到一辆便宜的二手车，会对学习、生活起到事半功倍的作用。

美国的二手车行很多，每一个车行的价格都不同。请记住，在美国购买汽车和购买房屋是可以讨价还价的。作为一个买家，在购车之前，要做足功课：第一要货比三家，对于同样车款、里程、生产年份、车况的二手车，要寻找便宜的卖家；其次，要在一些二手车的评估网站上询价。美国的二手车评估网站很多，也很专业，给出的价格基本上都比较公正。像“Kelley Blue Book”“aaa”“Cars”，都是很专业的二手车评估网站，他们给出的二手车的有关数据可以作为你买车的依据。

当买到二手车后，需要给车上保险。这时候货比三家也非常重要。美国的学生汽车保险一般学生年龄在21岁以下的保险金额会很高，21岁以上的保险金额就低一些。当然，美国还有优秀学生保险优惠标准，如果你的GPA（平均成绩点数，Grade Point Average）成绩在3.0以上，保险公司会给你优秀学生优惠价格的奖励。因此，多问几家保险公司是非常必要的。

3. 办身份：怎样申请社会安全号码？

每一个到美国年满16周岁的国际学生，都希望能申请到美国的社会安全号码。有了这个安全号码，在申请工作、医疗保险、实习等方面都方便很多。大学生们可以比较自由地考驾照、买车，高中生们则可以参加一些实习活动，积累信用。怎样取得社会安全号码呢？这对于国际学生们来说是个非常困难的问题，也是他们面临的最大问题。在美国大学里，大学生只能通过在学校勤工俭学，由学校出面为表现优秀的学生申请，大学生获得了社会安全号码后就可以用此号码报税，积累信用；而高中生只有在特殊的情况下，才能申请获得。具体是哪些特殊的情况，要咨询学校顾问或移民律师。

4. 去教会：如果你很反感，怎么办？

美国的私立高中、私立大学，早期都同基督教有着千丝万缕的联系。凡到美国上私立学校的初高中生，基本上都是在基督教或者是天主教初高中就读。美国的私立初高中甚至大学，80%以上都具有宗教背景。这些学校以基督教义为立校之本，培养学生也是为了传扬基督教的有关信仰和精神。学校需要国际学生们了解相关的宗教知识。事实上，美国的宗教私立高中因为长年来招生无法满员，才向国际开放。因此，如果你想申请这样的学校你就要了解相关的宗教知识，并且尝试着接纳有关的宗教信仰。否则，当学生在学习有关宗教知识的课程时有可能会很抵触，情绪处理得不得当容易造成师生关系紧张。

美国教会给孩子们分发礼物

5. 付账单：你会吗？

同小留学生寄宿在美国人的家庭不同，大学生们来到美国后需要自行解决住宿问题。他们面临着租公寓，交付水电煤气、有线电视、无线网络、垃圾费用等问题。尽管不少大学生在国内已经学会了独立生活，但在美国不同的社会环境下有些生活中的新知识还是要学习。比如，开通水电煤气的时候如果你没有信用，水电煤气公司一般会收取一定的押金，这些押金要用现金支付。平时看到水电账单一定要按时支付，否则会有滞纳金。一般情况下，每个城市的水电煤气账单都不完全相同，留学生们一定要完全搞清楚，这样才不会给自己的生活造成困扰。

总之，生活中要学习的东西很多，在这里就不一一列举。在美国无论是学习还是生活，到处都是增长见识的好课堂。

（二）英语能力的评估

当你一踏上美国的土地，就需要张嘴说话。这不仅是个语言问题，更是一个心理问题。英语能力过关，不是别人问什么你能回答就行，而是你能够学会用英语思考，用英语深入发问。

有一次，一位美国朋友问我："为什么你们中国人都很害羞，我问他们什么，他们只回答是或者不是，然后就笑着不吭声了。"其实这是对中国人的误解。很多中国人实际英语水平还不错，但生怕出丑，在外国人面前不敢张嘴。

其实这种担心是多余的。美国是移民国家，在美国的大都会区有来自世界各地的移民。他们的英语能力参差不齐，有的口音很重，有的讲不了几句英语。但是对于那些开朗和勇敢的人来说，用语言推销自己，就打开了他人接受自己的大门。不少家长认为，孩子到了美国以后，只要在学校里、生活中和美国人交朋友，英语就会有很大的进步。这种想法是幼稚的，别人为什么要和你交朋友？你拿什么去吸引别人？你怎么能够让别人喜欢和你来往？

一些在美国待久了的留学生总结出一些快速使英语进步的秘诀：一是找一个美国约会对象，不论将来是否要结婚；二是利用电话促销练习英语。他们觉得这是绝好的英语会话的机会，对着促销电话不停地发问，在电话机前可以消除心理的压力和羞涩；三是看美国肥皂剧。这些冗长的电视剧集会耗费时间，但安排得当也会起到事半功倍的效果；四是与邻居拉关系。有的学生很会和邻居拉近关系，比如他们做了好吃的，有了好看的影视光盘、图书或是什么新的信息都主动与邻居分享，让邻居感受到他们的爱心，对他们产生信任，这样就有了语言交流的环境。

（三）社交能力的评估

社交是一门学问。良好的社交离不开开朗的个性、流利的英语、乐于助人的精神、特别的爱好等。人和人的交往是一个开放心扉的对等过程，要做到对等需要你有助人的热情。在这里要特别提醒即将出国的留学生，不要有太高的防范意识，不要预设立场。有的孩子防范意识很强，别人同他打招呼，他马上会想人家是想图他什么；也有一些女孩子，生怕在男女交往中受伤害而盲目封闭自己。这些在社交中都是有害的。

很多到了美国的学生，只找来自同一个国家甚至同一个城市的学生交往。虽然他们身在美国，住在美国人家里，可是他们用的是中国语言，谈论的话题是中国的时尚和流行文化。他们整天身穿名牌开着豪车，但英语水平很差，思维方式也完全是中国式的。从外表看他们周围的环境改变了，他们的穿着变了，但是他们内在的观念、思维的方式、交友的圈子并没有改变。他们仍然是孤独的，并没有融入美国人的社会。这是形式上的出国留学，他们的内心并未做好出国的准备。

要真正融入美国社会，留学生要学会寻找一些双方都感兴趣的话题，像时事新闻、体育和影视明星、饮食菜谱、时尚流行等。很多中国留学生在体育方面的知识比较浅薄，不知道美国人喜欢的橄榄球或棒球明星，对职棒大联盟也一知半解，除了书本上的知识其他的一无所知。这样的“菜鸟”在美国人眼里毫无吸引力，他们怎么喜欢和你交朋友呢？

如果你有比较丰富的中国传统文化知识，也会使你交到很多美国朋友。假如你会中国的京剧、功夫、绘画、书法、古筝、二胡，甚至懂风水等，美国人就会对你另眼相看，对你充满好奇，觉得和你交朋友能够有所收获。这样，你就能够交到质量不错的朋友，并且通过交朋友获得丰富的西方文化和生活方面的知识。

（四）环境安全的评估

位于洛杉矶市的南加州大学，是美国2013年招收外国留学生最多的大学。近两年来，南加州大学不断发生恶性的安全事故。2013年来自中国的两位大学生吴颖和瞿铭刚被恶人所杀，2014年来南加州大学上学的研究生纪欣然又被当地的黑帮团伙杀害。现在，南加州大学（以下简称“南加大”）的学生中无奈地流传着这样一句话：南加大的学

南加大校园外南区是犯罪高发区

生要练武。

无论是吴颖和瞿铭刚，还是纪欣然，他们在上学之前有没有对学校的环境安全做一个详细的评估，我们并不了解。吴颖和瞿铭刚的父母对南加大提出控诉，控诉校方在宣传手册上写明的南加大拥有安全的校园环境的说法与事实不符。但是作为学生本人或者是家长，应当了解到美国是一个人人可拥有枪支的国家，即便是最安全的地方也会发生杀人事件，更何况南加大校园附近是一个犯罪率很高的社区！家长和学生在申请这个学校之前，就应当上网查看美国司法部官方网站公布的当地犯罪率统计情况，对周边的环境有深入的了解。这些资料在网站上是很容易查找到的，有关数据可查询以下网站：

联邦调查局网站：http://www.fbi.gov

美国犯罪率调查网站：http://www.crimeinamerica.net

美国司法统计局网站：http://www.bjs.gov

值得注意的是，来自中国的留学生们对于安全的意识还停留在国内的环境氛围中。像纪欣然这样的惨案，如果他有足够的防范意识应当是不会发生的。吴颖和瞿铭刚被杀的案件刚刚过去还不到一年的时间，纪欣然应当吸取教训，在危险的社区里绝不能半夜独自外出。从这一系列的案子中，我们看到中国的留学生对美国抱有太多正面的看法，从而淡化了他们的安全意识，这说明他们对于出国留学在安全方面的评估工作做得不够。

二、对孩子未来发展方向的把握：出国留学，你确定目标了吗？

（一）学生的兴趣、特长与选择

兴趣特长和专业的选择是两个完全不同的概念。在专业的选择问题上，家长和孩子的观点常常是相左的。但无论家长或孩子，都要对兴趣和特长作一个切实的评估。有兴趣并且能坚持只能说明你在朝自己所喜欢的方向前进，并不表示你就一定能够取得成功。在选择留学专业时如何能够把专业和兴趣良好结合，并且能够顺应社会需求的潮流，这才是家长和学生们应当关注的焦点。

前中国国家跳水队冠军李德亮的女儿名叫李丽莎（Lisa Li），她从小酷爱跳水。到美国后每天坚持6小时的跳水运动，还参加各项跳水比赛。多年来，她获得过美国青少年跳水比赛冠军等多项大奖。2013年她被普林斯顿大学录取，并成为该校跳水队的一名成员。

南加州还有位名叫南茜的女孩子，17岁到美国。由于父母不会说英语，母亲帮别人照看老人，父亲在餐馆打工，每月的收入仅够维持日常开销。但南茜有一个美丽的梦想：要成为一名歌剧演员。她考上了大学音乐系，成为一名音乐系的学生。在校期间她参加了一些歌剧的演出，还担任了主角，后来到维也纳进修。

毕业后南茜找不到朝九晚五的工作，有些人就暗地嘲笑她：唱歌还能当饭吃？但是她不管别人的议论，每天脸上都挂着笑容。南茜的父亲和母亲都支持她的选择，当有人问他们会不会发愁女儿现在没有固定的工作时，她的父母表示只要孩子自己高兴、满意就好。

南茜的这个例子表明了家长对子女选择的充分尊重：让孩子随着自己的兴趣和特长稳步发展。但是更多的华人家长在帮助孩子选择学校和专业的时候，考虑的并不是兴趣，而是学校的知名度，专业未来的就业取向、薪资待遇、工作环境等。

这些外在条件虽然是重要考量，但什么是进入大学学习的核心价值，美国人和中国人的答案有很大的区别。很多美国家长被问到这样的问题时他们的回答是：为了让孩子未来生活得快乐！试想如果南茜的父母亲还在中国，他们会是一种什么态度？美国人经常说，人生苦短，做自己喜欢的事情。而中国人常说，“学而优则仕”。可以看到中国的家长受千年传统文化的影响，更看重的是孩子的成功，而成功和快乐不能完全等同。

（二）出国留学的长短期目标

目前，因在美国的外国留学生急剧增加，一些热门学校的科系像电脑科学，电子工程，生物医药，应用数学，法律，会计学，商科类专业等，申请的学生众多，进入这些学校的门槛很高。即便有的学生已经被学校录取，却无法按照意愿按时修完课程，耗费了时间和钱财。

有的孩子出国留学不是为了学习，而是想留在美国。他们抱着只要能上一个学校的想法，就愿意做一个长期留学生。他们或者在餐馆打工，或者做政治庇护，其所有在美国的一切行为都是为了一个短期目的：留在美国。如果留学生怀有这样的想法，即便在美国赚了一些小钱，但未来的前景还是模糊不清的。

美国有33 000多所私立小学和中学，7 600多所大学和学院，各类的研究生院校不胜枚举，学校的水平也参差不齐。如果你只是想混学历，随便上一所大学是不困难的。但和中国的大学不同的是：在美国学校里你不好好学习老师不会督促，学校也不会给你压力，所有的压力和动力都来自于自己，如果自己不能很好地把握就不可能毕业。这里面没有“面子”问题，更不存在“拼爹”的元素。

一个人的成功不能完全归结于教育，更不能归结于美国的教育。美国的教育只是为你的孩子提供认识世界、建立正确的人生观和社会交往的基本框架。如何在这个框架下组装自己的大厦，需要个人、家庭、社会全方位的努力以及时代给予的机遇。教育不是一蹴而就的，而是一生都在不断积累的过程。你如果认为把孩子送到美国来就等于让孩子赢在起跑线上，那就进入了理解的误区。

因此，当你的孩子准备出国的时候，一定要想清楚为什么要出国？出国的长短期目标是什么？千万不要抱持太功利的想法，尤其不要想着让孩子将来挣大钱、当第二个钱学森或乔布斯。

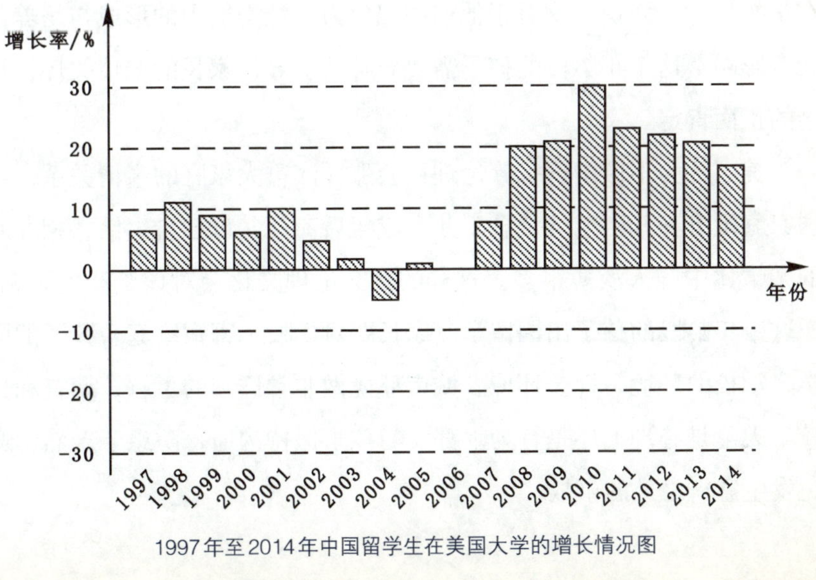

1997年至2014年中国留学生在美国大学的增长情况图

三、对孩子自控能力的掌控：出国留学，是镀金还是放羊？

（一）送出去还能回来吗？

很多父母可能觉得这个问题很幼稚，自己的孩子怎么会回不来。但事实上，如果你的孩子到美国留学，这个情况是很可能发生的。因为美国是一个移民国家，孩子们在美国学成之后是可以改变身份留下来的。或当他们回到祖国，回到父母身边时，孩子们都已经改变了：有的孩子变得陌生，有的变得自私，有的变得叛逆，有的变得成熟。

家长们应当知道，12~18岁年龄段的孩子正值叛逆期。他们不相信一切，反对父母和学校的权威。要么自信得相信整个世界都是自己的，要么自卑得恨不能结束生命。对于这样的孩子，如果把他们简单地放在异国他乡，放在一个无法深入沟通的寄宿家庭里，让他们局限在学校里学习知识，这对于他们的想象力、社交能力的形成与培养都会有影响。这个年龄段的孩子需要导师的引导，家长的亲情关怀，社会的正面肯定。

美国社会不像中国宗族伦理社会那样注重大家庭的亲情关系，美国家庭没有养儿防老的观念。儿女成年后离开父母独自生活，相互间的亲情比中国人淡薄很多。这样的社会伦理文化会对孩子产生影响，送这个年龄段的孩子出国留学，家长要对学校、寄宿家庭、孩子的同学、学校的环境、社会环境、城市环境做非常详细的了解、调查和比较。无论是心理上还是行为上都要与孩子保持沟通，防患于未然，避免发生意料之外的事故。

2008年，一位来自中国北京的18岁女孩子凯瑟琳到洛杉矶州立大学读书。她的父母在墨西哥做生意，平时对她要求很严格。当时其父母因为签证的问题，不能随时进入美国。这个女孩子到了美国两年半以后，突然从学校退学同父母断绝了一切联系。她的父母焦虑万分，辗转多次终于进入洛杉矶来找她。他们询问了所有认识她的人都不知道她的去向，情急之中报了警。警察在查找了大量的线索后发现了这个女孩子的行踪。原来，她向黑帮借钱无法偿还，黑帮扬言要绑架她，在最困难的时候她的一位韩裔美国人朋友为她还了借款，她为了报恩便与这个韩裔美国人同居了。

当凯瑟琳的父母见到她的时候，她已经是一个大腹便便的年轻未婚母亲。面对自己痛哭欲绝的父母，凯瑟琳没有眼泪，也没有悲伤，而是冷冷地看着他们。有人问她，你爸爸妈妈这样伤心你难道都没有一点自责吗？凯瑟琳说，伤心的不是他们而应当是我。当我孤独的时候他们在哪里，当我生活遇到困难的时候他们在哪里？

当初凯瑟琳到美国时，英语成绩就没有达到学校要求。入校后学习很吃力，本来应当在两年内完成的学业三年也完成不了。父母的责备、经济的压力让她倍感焦虑。她不敢向父母伸手怕父母责备，只好向别人借钱，借的钱无法偿还，无奈之下她只得以身相许，用这种方式来还债。

如果凯瑟琳的父母和女儿有良好的沟通，女儿可能会把自己生活的真实境况告诉父母寻求父母的帮助。如果其父母能够在她上学期间经常来学校探视，这样的事情也可能不会发生。但是，一切都太晚了。与凯瑟琳同居的是一个传统的韩裔美国人，第二年她又生了一个男孩。这个连自己都照顾不好，还不到二十岁的小女孩，学业没有完成却已经成为两个孩子的妈妈。当凯瑟琳的母亲悔恨地痛哭的时候，她已经知道，他们和女儿的关系再也回不到从前了。

这是一个大学生的真实经历。面对新环境大学生们都面临着极大的挑战，而那些小留学生心理上出现的各种问题更是不容忽视的。

有一位14岁的小留学生在南加州最优秀的高中读一年级，平时住在寄宿家庭。他英语水平差，无法同其他族裔的同学有深入的沟通。为了能够交到朋友他非常慷慨，经常给这里的“ABC”（美国出生的华裔）同学买这买那，很受同学们的欢迎。但他并不知道学校里的一些同学是帮派组织的成员，私下里吸大麻，个别的还贩大麻。

这个小留学生的家长经常向他们的同事鼓吹孩子的寄宿家庭有多好。他们看到寄宿家庭对孩子管理严格，提供给孩子的饮食和住宿条件都非常好，很是满意。但是他们不了解的是，孩子同寄宿家庭其实根本无法深入交流，寄宿父母根本不了解中国的小留学生在想什么。由于语言交流的限制他们只能了解孩子喜欢吃什么，穿什么，学习怎样，对于孩子在学校的感受，孩子内心深处的想法，他们无法知道，小留学生也不会告诉他们。

这个高一的学生在学校参加了帮派，与帮派的同学吸大麻，还帮助他们贩大麻。当学校知道情况后让他坦白，他竟然还非常哥们儿义气地不愿交代出自己的同伙。学校只得通知孩子的父母，开除了这个学生。当孩子的父母来到学校时，孩子不愿见他的父母，他说他恨自己的父母，因为父母不关心他。

无论是小留学生还是大留学生，环境的改变都使他们处在心理极度不稳定的时期。对此家长要洞察秋毫，对孩子心理问题出现的每一个苗头都要有防范和应对的准备，寄宿家庭的家长是不可能观察那么细致的，他们也不会那么用心。所以当你的孩子在物理距离上远离你的时候，你应当拉近和孩子的心理距离，做孩子的好朋友帮他们排忧解难。

（二）送出去还能保持传统中华美德吗?

一些留学生对中国传统文化中的优秀部分像孝敬父母、尊重长者等一知半解，到了美国后又对美国的所谓个性解放、尊重人权、自由平等等盲目崇拜。他们在处理同家庭和父母的关系上总是从自我的角度出发，自私自利，让父母大失所望。

最近，在多伦多华人社区发生了这样一件事情：有一个来自中国上海的女留学生到多伦多留学，她家境殷实，来北美并不想研究学术，只想镀金后回国找个有钱人把自己嫁掉。到了多伦多以后，西方社会所谓的自由风尚，让这个本来就内心狂野的女孩子更加自由开放。

留学在她的潜意识中就是逃脱中国父母管教的最好方式。于是，她做起了“援交”生意。所谓“援交”，就是学生或未成年人自行寻找客人进行肉体交易。加拿大虽然号称是多元化社会，事实上却是各个族群自成一体，有着相当自我的生态模式。

这个女孩子有课就上，没课就离校。她不在意钱，无所羁绊。她的成长经历，高官家庭父母的高期待，中国教育体制教化下的价值取向，在她独行北美后和“新思想”发生了文化的急剧冲撞，两种思想意识交叉裂变后的异化使她产生了一种新的价值观：“自己的身体自己做主”。开始时她以“援交”来玩弄男人，在经历了许多男人后，终于抵挡不住一个意大利男人的魅力与他陷入了情网。但不曾想这个意大利人是有家室的人，在一次车祸中她的意大利男人被撞死，男人的原配从意大利来到北美让这个上海女孩子大梦初醒。她才知道自己过去的这几年扮演的是一种什么样的角色。

很多留学生在异国他乡面临的最大的问题并不是生活的艰难，而是价值观的不定型，让他们难以分辨什么样的人生才是最值得去经历的。当有些孩子经历了不正确价值观的引导，变得非常自私、非常放荡和自暴自弃，他们的家长这时候才真正懊悔鞭长莫及，无法再控制这些“飞出笼子的小鸟”，所有的一切补救都为时已晚。因此出国绝不是一件简单的事情，出国之前家长和孩子都一定要考虑好。

第二章　美国学校需要什么样的学生

对于人才培养，东西方的观点不尽相同。《华盛顿邮报》曾经对美国前五百强企业做过一项调查，他们给出美国社会尤其是美国大企业所需的人才特质：

第一，具有弹性和适应性的个性；

第二，具有团队精神；

第三，有克服困难解决问题的能力；

第四，有学习的能力和动力；

第五，要乐观积极，主动做事，善于关心他人；

第六，有沟通技巧；

第七，有专业背景。

从这七项可以看出，美国社会对人才的需求基本上考量的是人的社会适应能力，也就是一个人的情商和逆商（抗压能力）。这些能力在书本上是无法学到的。但这种情商和抗压能力要建立在一个基础之上，那就是人的学历背景和专业背景，也就是我们所说的智商。这如同皮与毛的关系：学历和专业背景宛如皮肤，情商和逆商仿佛毛发，如果没有皮肤，毛发则无法依附；如果没有毛发，皮肤则难经风雨。

一、中美成功人士背景资料对比

在这里我们将一些中美成功人士的背景资料一一对比，并分析其中的一些具体的数据，就不难看出中美在人才培养方面的不同以及共同点，从中得到启发。

商界精英　美国：史蒂夫·保罗·乔布斯

史蒂夫·保罗·乔布斯（Steve Paul Jobs），1955年生于美国旧金山，他是苹果公司创办人之一及董事长。他17岁在美国俄勒冈州波特兰市的里德学院（Reed College）上学，但只在那里上了一个学期就中途辍学了。

乔布斯12岁的时候，就对电脑产生了极大的兴趣。他当时曾向惠普公司的创办人威廉姆·休利特（William Hewlett）要一些电脑部件，自己进行组装。13岁时，他和比他大5岁的小伙伴史蒂夫·沃兹尼亚克（Steve Wozniak）相识，两人后来在沃兹尼亚克家的车库里成立了苹果公司。从1976年第一台苹果电脑的诞生，到2001年iPod（苹果公司设计和销售的系列便携式多功能数字多媒体播放器）推出之前，苹果公司经历了非常曲折而缓慢的发展，也是苹果公司最艰难的时期。由于苹果公司的业绩下滑严重，面临关闭命运。2000年，乔布斯被请回苹果公司，担任永久执行长。

2001年，乔布斯慧眼意识到未来高科技必然走入家庭，走入时尚和艺术的趋势，积极研发新产品，推出了iPod和MP3播放器，这无疑给电子产品市场注入了一股新鲜空气，立即引起了年轻人的追捧。在第二年，第三年，苹果又推出了iTunes（一款数字媒体播放应用程序）系列。2007年，第一部智能手机iPhone诞生了。它开创了智能手机的新时代，开创了高科技与百姓家庭生活相结合，高科技和时尚相融合的先河，改变了人们的生活方式。2004、2005、2007、2008、2010这五年，美国《时代》杂志都将乔布斯评为“世界最有影响力的100人”之一。

里德学院是美国俄勒冈州波特兰市的一所私立文理学院。2013年在全美名校排名中名列74。知名校友只有乔布斯。

商界精英　中国：马云

马云，阿里巴巴集团主要创始人之一，1988年毕业于杭州师范学院英语专业。他1995年在出访美国时首次接触到互联网，回国创办了自己的名为“黄页”的网站。1999年，马云辞去了工作，他的电子商务网站“阿里巴巴”被创立，并迅速成为全球最大的B2B（企业对企业之间的营销关系，Business-to-Business）电子商务平台。2003年，马云创立了独立的第三方电子支付平台，为中国数以万计的小企业主找到了一个巨大的市场。

马云是中国内地第一位登上美国权威财经杂志《福布斯》封面的企业家，他创立的“阿里巴巴”被国内外媒体、硅谷和国外风险投资家誉为与“Yahoo（雅虎）、Amazon（亚马逊）、eBay（易贝）、Google（谷歌）”比肩的五大互联网商务流派代表之一。它的成立推动了中国商业信用的建立，在激烈的国际竞争中为中小企业创造了无限机会。马云创办的个人拍卖网站“淘宝网”成功走出了一条中国本土化的独特道路，从2005年开始成为亚洲最大的个人拍卖网站。

1982年，18岁的马云经历了第一次高考落榜；1983年，马云再次参加高考，再次落榜；直到1984年，第三次高考，勉强被杭州师范学院以专科生录取。

共同点：乔布斯和马云这两个世界级富豪，其共同点之一是他们对自己的事业充满信念和热情；第二，他们都有极强的抗压能力，虽经无数挫折，但并没有因为挫折而放弃信念；第三，他们在团队中绝对是最有领导力的那一位；第四，他们具有超灵敏的市场前瞻性，了解社会科技与商业结合的发展趋势；第五，他们都不是什么名校毕业，当初他们所上的学校和他们后来极大的成功基本上没有因果关系。

不同点：马云乐观积极，热情外向。乔布斯敏感内向，基本上没有弹性和适应性的个性，这种个性使他仅仅专注于自己感兴趣的领域，很难向他人打开心扉，从而投向佛教禅宗寻找人生的谜底，带有一种遁世和悲观的成分。尽管他的苹果公司后来成为世界上最有价值的企业，但乔布斯从来不涉足慈善、公益事业，遭到一些社会人士的诟病。他的患病和他的英年早逝，可能同他的这种个性不无关联。

结论：商界领军人物并不一定是名校毕业，也不一定需要性格随和，但一定需要非常灵敏的商业前瞻性和坚韧不拔、持之以恒的毅力。这种前瞻性需要知识的积累，而毅力则需要历练，这些在一个人的青少年时代也许能经学习、锻炼形成，而天生的敏锐确是因人而异。

文化精英　美国：史蒂芬·斯皮尔伯格·艾伦

史蒂芬·斯皮尔伯格·艾伦（Steven Allan Spielberg），是美国著名的电影制片人与商业巨头。他是世界电影史上最有影响力的电影人之一。在超过四十年的职业生涯中，斯皮尔伯格的电影涵盖了很多的主题和风格。他导演的荣获奥斯卡最佳导演奖的《辛德勒的名单》以及《拯救大兵瑞恩》《大白鲨》《E.T.外星人》《侏罗纪公园》等，每一部都创下了当时票房的最高纪录。迄今为止，斯皮尔伯格导演获得两项奥斯卡最佳导演奖和金球奖终身成就奖。《首映》杂志将他列为电影产业最有权威与影响力的人物，《时代》杂志将他列为世纪百大最重要的人物之一，《生活》杂志将他列为他同时代中最有影响力的人物。

斯皮尔伯格出身于美国的一个犹太家庭。十几岁时，斯皮尔伯格用8毫米胶片制作出了他的第一部电影。13岁时，斯皮尔伯格拍了有关战争题材的影片，并赢得了奖励。16岁时，斯皮尔伯格编剧并执导了他的第一部独立电影，140分钟的科幻影片。这部影片在当地的电影院播放，并为他赢得100美元的利润。

高中毕业后，他申请南加州大学的电影学院被拒，随后在加州大学长滩分校上学。60年代末期，他开始了他正式的电影生涯，为环球影城做实习生和兼职的剪辑人员。在业余时间里他拍摄了职业生涯中第一部短片，这部影片被当时环球影城电视制片部门副总裁看后，马上同他签约。从此，他成为好莱坞签署长期合约的最年轻的导演。后来他放弃了同环球影城的合约，创办了自己的导演工作室，开始了他的创业生涯。

加州大学长滩分校不是名校，学校的著名校友就是斯皮尔伯格，而且他还没有毕业。

文化精英　中国：张艺谋

张艺谋，中国“第五代导演”代表人物之一。他于1968年至1971年上完初中后在陕西乾县农村插队劳动，1971年至1978年在陕西咸阳市棉纺八厂当工人，1978年破格进入北京电影学院摄影系学习，1982年毕业后分配到广西电影制片厂。他1984年第一次担任电影《一个和八个》的摄影师，获中国电影优秀摄影师奖；1986年主演第一部电影《老井》夺三座影帝奖杯；1987年执导的第一部电影《红高粱》获中国首个国际电影节金熊奖。至此实现了他电影人生的转折，由摄影师走向演员，最后走向导演生涯。

1987年至1999年张艺谋执导的《红高粱》《菊豆》《大红灯笼高高挂》《秋菊打官司》《活着》《一个都不能少》等影片令其在国内外屡获电影奖项，并三次提名奥斯卡奖，五次提名金球奖。

张艺谋曾任第18届东京国际电影节评委会主席和第64届威尼斯国际电影节评委会主席，2008年担任北京奥运会开幕式和闭幕式总导演，获得2008年影响世界华人大奖和2008年度感动中国十大人物，并提名美国《时代周刊》年度人物。他还获得美国波士顿大学、耶鲁大学荣誉博士学位。

“文化大革命”之后的北京电影学院百废待兴，探新、求变的艺术氛围浓郁，造就了中国第五代电影人。

共同点：斯皮尔伯格和张艺谋对电影都具有天才创造力，他们因为爱电影才从事电影事业，他们因为爱电影才执着于电影事业。从这点上说，他们是令人羡慕的。他们对电影不但具有天才感知力，还能够把电影同市场完美结合。从他们的作品中体现出现代电影的特质：电影是艺术，电影更是市场。

不同点：斯皮尔伯格从小喜爱电影，一路走来都比较顺遂，其电影题材具有国际视野。张艺谋早年的经历给了他太沉重的回忆，中国传统文化在他身上的印记太深，使得他的作品脱离不了中国传统文化的影响。他的作品无论怎样演绎，都能看到文以载道的思想印记。

体育精英　美国：科比·布莱恩特

科比·布莱恩特（Kobe Bryant）是美国职业篮球运动员，效力于美国NBA（美国职业篮球联盟）洛杉矶湖人队。他从高中直接进入NBA，在整个职业生涯中，赢得5个NBA总冠军。科比16次入选全明星阵容，15次入选明星球队，12次被评为最佳防守队员。科比毕业于宾夕法尼亚州的劳尔梅里恩高中，在高中时期他就是一个顶尖的篮球运动员。高中毕业后他参加NBA选秀，被第13顺位选中，在1996年成为NBA夏洛特黄蜂队的球员，随后被洛杉矶湖人队选中。

科比和奥尼尔带领湖人队赢得2000年、2001年、2002年、2009年、2010年共5次NBA总决赛冠军。2006年对阵多伦多猛龙队，科比拿下的职业生涯最高得分81分，成为NBA历史上排名第二的单场个人最高分。2008年科比获得了NBA颁发的最有价值球员奖。失去了在2008年的NBA总决赛夺冠机会之后，2009年和2010年科比单独带领湖人两连冠，最终证明了自己付出的努力没有白费。

在他34岁的时候，科比成为NBA历史上最年轻的达到三万分记录的球员，他也是湖人队历史上空前的得分手。到2013年，科比已经赢得了4次NBA最有价值球员奖（2002年、2007年、2009年和2011年）。在2008年和2012年奥运会上，科比带领美国男篮为美国队赢得了两枚金牌。

科比在美国大学入学SAT（和ACT都被称为美国高考）考试中，获得了1080分的成绩。该成绩完全可以保证他被许多一流大学录取，同时还可以获得北卡罗来纳大学或杜克大学的篮球奖学金。然而他最终放弃了原来的计划，选择绕过大学篮坛直接进入NBA。身为史上第一个仅17岁的NBA高中生球员，这个大胆的决定在当时也引起了广泛的争议。

体育精英　中国：姚明

姚明在2003年至2008年连续六个赛季入选NBA西部全明星阵容。2009年，姚明收购上海男篮，成为上海大鲨鱼篮球俱乐部老板。2011年7月20日，姚明正式宣布退役。2013年，姚明当选为第十二届全国政协委员。

姚明出身于上海的一个篮球世家。9岁那年，姚明在上海徐汇区少年体校开始接受业余训练；5年后，他进入上海青年队；17岁入选国家青年队；18岁穿上了中国队服。1998年4月，他入选国家队，开始专业篮球生涯。1999年5月，他入选国家男篮和中国篮球南方明星队。同年8月，他参加在日本举行的亚洲男子篮球锦标赛，与全队配合获得亚洲男篮锦标赛冠军。

2002年，他以状元身份被NBA的休斯敦火箭队选中。2003年10月1日，他率领中国男篮拿到亚锦赛冠军，同时获得雅典奥运会入场券。2004年2月23日，对阵老鹰队获得职业生涯单场最高得分41分和最高助攻7次。

同中国几乎所有的体育明星一样，从小学起姚明的人生规划就已经确定同篮球有着不可分离的关系，篮球也决定了他未来的职业生涯。他的学业基本是围绕着他体育方面的专才而设定的。

共同点：两人都是体育天才，在自己人生道路的起始阶段都在从事体育运动，都不是名校毕业。

不同点：科比在选择自己的未来人生走向上，有更多的灵活性；而姚明更具有商业头脑，他收购上海篮球队让他从一个体育明星变为商业巨人。

科技精英　美国：2013年诺贝尔奖的获得者

诺贝尔化学奖得主：马丁·卡普拉斯（Martin Karplus），法国斯特拉斯堡大学及美国哈佛大学教授；迈克尔·莱维特（Michael Levitt），斯坦福大学教授；亚利耶·瓦谢尔（Arieh Warshel），南加州大学教授。

诺贝尔经济学奖得主：尤金·法马（Eugene F. Fama），芝加哥大学教授；拉尔斯·彼得·汉森（Lars Peter Hansen），芝加哥大学教授；罗伯特·席勒（Robert J. Shiller），耶鲁大学教授。

诺贝尔医学奖得主：詹姆斯·罗斯曼（James E. Rothman），耶鲁大学教授；兰迪·谢克曼（Randy W. Schekman），加州大学伯克利分校、霍华德·休斯医学研究所教授；托马斯·苏德霍夫（Thomas C. Südhof），斯坦福大学、霍华德·休斯医学研究所教授。

这些学者、精英无一例外都在美国最顶尖、最优秀的大学里从事科研工作。这说明美国的科研环境、科研项目、科研经费和科研人才，都是世界最顶尖的。但是我们也看到，这些获奖者大都是在化学、医学和经济学领域，其他的像物理、和平、文学奖等，并不是美国一枝独秀。美国的这些获奖者，最年轻的也在50岁以上。

从中不难得到结论：一个科学家的造就，需要经过多年的积累和历练，而大学和研究院是他们做研究的最佳场所。

科技精英　中国：所有诺贝尔奖获得者（包括华侨）

李政道，哥伦比亚大学教授（物理学奖）；杨振宁，普林斯顿大学教授（物理学奖）；丁肇中，麻省理工学院教授（物理学奖）；李远哲，加州大学伯克利分校教授（化学奖）；朱棣文，斯坦福大学教授（物理学奖）；崔琦，普林斯顿大学教授（物理学奖）；高行健，作家（文学奖）；钱永健，加州大学圣地亚哥分校、霍华德·休斯医学研究所教授（化学奖）；高琨，香港中文大学教授（物理学奖）；莫言，作家（文学奖）。

这些华人的获奖者，除了文学奖以外，基本上都是美国的大学和研究机构培养出来的人才。这再一次说明，美国的科研和精英教育的确是世界一流的。但是美国的科研人才趋于老化，如果此趋势不改变，美国的优势地位终将被新兴国家所取代。

我们从不同的方面分析了世界著名人士的成功历程。他们的人生经验和个性特质告诉我们，按照自己的喜好和特长从事自己的事业是人生最幸福的事情。他们的经历也告诉我们，美国作为当代资本主义最为发达的国家，其教育水平、科研环境、对知识和个性的尊重程度都处在世界领先的地位。他们的成功向我们证明了：上重点大学只是为你增加认识世界、了解社会、研究社会的一些方法。这些方法可以让你在某一个领域成为领头人。但是如果没有经过挫折的历练，没有坚定的信念，即使是名校毕业生，也会学无所成。我们的结论是：想要培养一个孩子走向成功，首先要确立他正确的人生观、价值观，而不单单是考入名校。

二、在西方文化中适当调整自我

留学是一个全方位的体验。近几年来，在美国的大部分中国留学生所面临的常见问题是语言障碍和文化背景的差异。中国留学生在海外总体是好学用功的，但是到了留学目的国之后语言形成的隔膜让他们常常讷口少言。东西方文化背景的差异、固有的思维惯性及生活方式的不同最终导致大部分留学生，尤其是一些中低龄留学生存在依赖性强、缺乏沟通交流等诸多问题，难以融入留学目的国。

随着赴美留学生人数的激增，如何让这些留学生适应美国社会和文化，是非常大的问题。事实上，在华人留学生群体中已经形成了留学生小社区：来自同一个地方的学生们喜欢“扎堆”，他们一起去郊游、吃饭、运动，好像只有这样大家在异国他乡才能找到内心的寄托和归属感。他们人数越来越多、小团体规模越来越大，就必然和美国社会接触越来越少，接触越少，就越难以融入美国文化和社群。

“我身边很多同学除了上课之外基本上不用英语沟通，也不和美国人来往，不愿意主动接触美国文化，”一位来自UCLA（加利福尼亚大学洛杉矶分校）的学生说。“他们在美国不具备社会关系和人脉基础，毕业之后找工作时就更加没有优势，因为没有企业愿意招聘一个不了解该国或者当地文化的人。”

看来融入美国社会，接受美国文化，结交美国朋友绝对不是一件简单的事情。但是如果你把自己的发展目标放在整个国际化的格局上，你就必须要这样做，而且必须要做好。

威廉·巴莱特毕业于美国弗吉尼亚大学，现任职美国某投资公司。他与中国学生的接触主要是在大学期间，在那时他结交了许多中国朋友。他在和中国学生一起组织活动的过程中发现了差异：“每当有意见分歧的时候，我希望大家可以摆上台面来公开辩论，而中国学生却总是希望台下解决，避免冲突；中国学生总喜欢临时改变计划，比如一个会议的时间、地点明明早就定好了，但会突然变卦。”

威廉很羡慕中国人那种互相之间特别亲近的感觉：“他们特别爱热闹，会花很多时间来和朋友、家人相处，一起聚伙吃饭，一起打牌、开派对。不像我们美国人，人和人之间的关系比较冷淡。”他的这些体会道出了美国学生和中国留学生的一些细节差异。

现在，网络上有些人宣扬在美国的一些大城市，像洛杉矶、纽约、芝加哥、旧金山等城市，因为华人众多有中国城，在那里生活不用讲英语一样能够生活得很好。这种观点是十分错误的。要知道，当年的偷渡者和政治庇护者生活在社会的最底层，他们没有能力提高自己的英语水平，所以他们的生活仅仅局限在为华人服务的范围内，只能做一些餐馆打工、照看孩子、照看老人、按摩、装修等体力活。

现在不一样了。一个到美国留学的留学生，你到美国的目的是用知识装备自己，接受最先进的教育，未来改造社会，成为我们这个时代的弄潮儿。如果你把自己的目标设定在靠餐馆打工来维持基本生活的层面上，那你为什么要到美国来选择留学，你在中国不是一样可以在餐馆打工吗？目标的设定，道路的选择决定了你人生的发展方向和未来能够到达的高度。

美国是一个以基督教精神立国的国家，这里的西方文化无不渗透着基督教文化的影响。很多的私立学校都是教会学校，在这里上学的学生们要学习圣经的教义。到美国留学的国际学生80%都必须面对宗教问题。中国国民教育多年来一直是传播无神论思想，学生们到了美国每天面对上帝祷告，可能会给他们带来很大的心灵冲击。尽管目前一些大学的基督教背景已经淡化了很多，但其核心价值观还是传承了圣经所宣扬的“荣神益人”的信仰理念。

面对这样一系列的宗教理念的时候，无神论者内心里可能难以接受，但事实上还是要辩证地看待这个问题。基督教教义是西方文化发展的基石，是优秀的文化传承，艺术的发展都同基督教有着千丝万缕的联系。学生们要学会正面地接纳，从中吸收养分，将这些延续了上千年的信仰和思想融汇到自己的思想和行为当中。即便你没有受洗还不是一个基督徒，如果你按照基督教的教义来要求自己，你的行为便能显出你的爱心、忍让、仁慈、乐于助人等优良品德，会受到周围的人的肯定与认可。

如果你是一个坚定的无神论者，坚决反对基督教教义，并且无法接纳学校对你的灌输，你就要考虑自己是否适合在美国的基督教私立高中或者大学里上学，这种学习对你到底有没有意义。

三、东方文化是中国留学生的根基

接受西方的文化和风俗并不等于中国留学生就可以放弃对东方文化的坚守，尤其在这个东西方文化融合的时代。每一个中国人可能都记得《我的中国心》这首歌，它讲述了一个事实：无论你走到哪里，你在别人眼里就是一个中国人。虽然美国是由移民组成的国家，但是作为到美国学习的中国学子，你如果具有非常深厚的中国传统文化的根基，你能在西方文化的海洋中融会贯通东方文化，你就是一个高层次、没有文化隔膜的中国留学生，人们会对你另眼相看。

中国著名学者胡适，获得过32个博士学位。他早年到美国的康奈尔大学学习农业。在美期间，他研究美国政治体制，研究美国三权分立的司法制度，研究美国宗教。这对他自由主义思想的确立有很大的影响。他回国后所主张的民主、科学、新道德、新文学可以说开创了五四新文化运动的先河。他所倡导的白话文运动，在中国文化发展史上树立了一个里程碑。如果胡适早年没有到美国留学，他的自由主义思想体系则不会确立；如果没有扎实深厚的国学基础，他也无法担当新文化运动的领头人。而新文化

西方文化的学者典范

运动无不受到自由主义思潮的影响。

在20世纪二三十年代，有无数中华学子赴美留学。“中学为体，西学为用”的思想贯穿于他们的学习和生活实践中。这些学子对社会的贡献，使他们成为那个时代璀璨的明星。当年的清华大学校长梅贻琦、雕塑大师藤白也、作家林语堂、散文家梁实秋、建筑学家梁思成、桥梁专家茅以升、数学家华罗庚、气象学家竺可桢、现代化学奠基人侯德榜、著名物理学家吴有训、人民教育家陶行知都曾经留学美国，他们带回了美国的先进科学和管理经验，也把中国的传统文化和东方哲学思想带到了美国。

在当今这个信息爆炸的时代，东西方文化的交流和融合是大势所趋。对中国而言，改革开放近四十年我们从西方学到了很多先进的科学和文化。尤其是近十年来，众多小留学生到美国上初中、高中，正在悄悄掀起第三次出国浪潮。这同20世纪二三十年代的留学浪潮有很多的相似之处。不难相信，再过二三十年中国科学界的璀璨之星就会有一批是目前在美国留学的学子。因此，趋同，让我们可以学习从全球的眼光远瞻社会发展的战略；存异，可以使莘莘学子在不同的文化氛围中突出个性，表现独特气质。

在当下社会竞争激烈的环境中，拿什么去同他人竞争？作为中国人，中华传统文化其实是扎实的武器，也是最有效的交流工具。

洛杉矶有个古筝国乐团，主创者何树凤曾经获得中国文化部主办的“全国琵琶独奏比赛”第一名和古典乐曲演奏优秀奖。她在1989年创办了这个乐团。二十多年来，在这个乐团里有黑、白皮肤的美国当地人，也有黄皮肤的亚裔人士。他们通过学习中国古典乐器了解中国文化，加深了中美文化的交流。对此，他们非常感谢何树凤的贡献，私下里称呼她为中美民间大使。

何树凤和她的古筝国乐团在演出

当前在中国的一些高中和大学里，有不少学生羡慕美国文化，对美国的歌星、体育明星、电影明星了解得一清二楚，甚至都知道美国的66号高速公路从哪里起始，到达哪里。但他们对中国传统文化却浅尝辄止。他们不知道老子、孟子、孔子哲学的思想精髓，更不懂得西方文化中很多优秀成分都是借鉴了东方的哲学思想。他们鄙视中国传统文化，盲目崇拜西方自由主义，这种想法是非常错误的。

第三章　美国著名高中简介

由于美国教育体制的限制，美国的公立高中无法完全接纳外国留学生。公立高中只能进行国与国之间的学生交流项目，从初中到高中都可以进行，为期是一年的时间。针对越来越多、年龄越来越低的外国学生到美国求学，本来生源无法保障的一些私立学校获得了重生的机会。尤其是一些基督教和天主教高中，他们降低了入学的门槛，扩大招生的范围，让众多的外国小留学生特别是一些初中生、高中生来美国留学，以补充生源的不足和增加学校的财力。

目前，美国各种类型的私立高中大约有2 200多所接受海外留学生，每个学校的留学生招生率在15%～30%不等。

美国私立高中和公立高中有许多方面不同。优秀的私立高中由于财源雄厚，师资力量比较强，加之私立高中的学生少，因此学生能够在生活上得到老师和学校更多的关照，学习上的针对性比较强；但公立高中，尤其是一些比较好的公立高中招收的学生很多，相对来说教师资源薄弱。公立高中对于美国公民和绿卡居民来说完全免费是一个很大的优势，而且公立高中具有更多的社会资源；但普通的私立高中由于设备和资源相对缺乏，在学生实习、与政府机关的联系、教育计划的整体统筹安排、师资水平等方面总体上不如公立高中。

《美国新闻与世界报道》2015年评选出了美国最佳公立高中的排名。

这个评选从美国50个州和哥伦比亚特区的31 242所公立高中里选择公布了其中19 411所高中的有关数据。这个数据包括学生情况的统计资料，州立考试、大学先修课程或国际预科证书课程测试的结果等。

这个评选基于三个方面内容：一是学生的整体表现，少数族裔学生的增加比例和经济困难家庭学生的增加比例；二是州立考试的表现；三是在前两个方面内容的基础上，统计学生参与AP*（大学先修课程）和IB*（国际预科证书课程）的成绩以及学生进入大学的比例等。如果学生的平均AP成绩在3分以上，IB的成绩在4分以上就应当算合格的高中。对于大学录取所参考的条件来说，AP或IB成绩占25%，SAT或GPA成绩、课外活动表现等占75%。

（* AP是Advanced Placement的缩写，是由美国大学委员会提供的在高中授课的大学课程。*IB全称International Baccalaureate Diploma Programme是由国际文凭组织为高中生设计的为期两年的课程。）

这个评选的结果是，在全美范围内，获得金奖的高中以及相当于高中教育的机构有500所左右，占总数的3%，获得银奖的占9%，获得铜奖的占15%。其他73%的高中则没有获得奖项。加州、康涅狄格州、弗吉尼亚州、新泽西州、纽约州、马萨诸塞州、科罗拉多州、佛罗里达州的教育水平相对来说是比较高的。

一、2015年美国前50名优秀公立高中排名

此排名来自《美国新闻与世界报道》提供的资料，包括了全美50个州以及哥伦比亚特区超过19 400所公立高中的数据。根据学校的状况，教师和学生的学业水平，以及学生进入大学的比例，这50个学校分别被授予金、银、铜奖。学校的排名仅仅是一个参考，学校的好坏最重要还是要看孩子是否适应其有关的教育。

美国最佳公立高中校长Mike Satarino 在学校的标志前留影

2015年全美优秀公立高中排名

名次	校名	地址	师生比例	大学先修课程（AP）完成率	美国新闻与世界报道评价
第一名	英才学校 School for the Talented and Gifted	得克萨斯，达拉斯市 1201 East Eighth St., Dallas, TX 75203	17:1 相当于全国平均水平， 240名学生 14名老师	100%参加AP考试，并100%通过	100分 金奖
第二名	斯科茨代尔基础中学 BASIS Scottsdale School	亚利桑那，斯科茨代尔市 11440 North 136th St., Scottsdale, AZ 85259	比例不详	100%参加AP考试，并100%通过	100分 金奖
第三名	托马斯杰斐逊科学与技术高中 Thomas Jefferson High School for Science and Technology	弗吉尼亚，阿里克珊德拉市 6560 Braddock RD Alxandria, VA 22312	17:1 相当于全国平均水平， 1854名学生 108名老师	100%参加AP考试，并100%通过	100分 金奖
第四名	格威内特县公立学校 Gwinnett County Public Schools	乔治亚，劳伦斯维尔市 970 Mcelvaney Ln Lawrenceville, GA 30044	17:1 相当于全国平均水平， 696名学生 40名老师	100%参加AP考试，并100%通过	100分 金奖

续表

第五名	玛格内特科学与工程学校 School of Science and Engineering Magnet	得克萨斯，达拉斯市 1201 East eighth St., Dallas, TX 75203	16:1 低于全国平均水平，386名学生 24名老师	100%参加AP考试，并100%通过	100分金奖
第六名	卡内基万佳德高中 Carnegie Vanguard High School	得克萨斯，休斯敦市 1501 Taft.,Houston, TX 77019	17:1 相当于全国平均水平，590名学生 34名老师	100%参加AP考试，并100%通过	100分金奖
第七名	洛夫莱斯学术高中 Academic Magnet High School	南卡罗来纳，北查尔斯顿市 5109A West Enterprise St.,North Charleston, SC 29405	14:1 低于全国平均水平，610名学生 24名老师	100%参加AP考试，并100%通过	100分金奖
第八名	托尔森联合高中 Tolleson Union High School	亚利桑那，托尔森市 9419 West Vanburen St., Tolleson, AZ 85353	34:1 高于全国平均水平，460名学生 14名老师	100%参加AP考试，并100%通过	100分金奖
第九名	拉美学院 Lamar Academy	得克萨斯，麦卡伦市 1009 North 10th St., Mcallen, TX 78501	6:1 相当于全国平均水平，106名学生 19名老师	100%参加AP考试，并100%通过	100分金奖

续表

第十名	吉尔伯特古典学院附中 Gilbert Classical Academy High School	亚利桑那，吉尔伯特市 55 North Greenfield Rd Gilbert, AZ 85234	11:1 低于全国平均水平， 220名学生 20名老师	100%参加AP考试，并100%通过	100分 金奖
第十一名	雷曼学院附属研究高中 The High School of American Studies at Lehman College	纽约，布朗克斯市 2925 Goulden Ave., Bronx, NY 10468	16:1 接近全国平均水平， 393名学生 25名老师	100%参加AP考试,并100% 通过	100分 金奖
第十二名	美国印第安公立学校 American Indian Public High School	加利福尼亚，奥克兰市 3637 Magee Ave., Oakland, CA 94619	19:1 高于全国平均水平， 243名学生 13名老师	100%参加AP考试,并100% 通过	100分 金奖
第十三名	国际研究特许高中 International Studies Charter High School	佛罗里达，迈阿密市 2480 SW Eighth St., Miami, FL 33135	13:1 低于全国平均水平， 359名学生 27名老师	100%参加AP考试，并100%通过	100分 金奖
第十四名	美国双语和亚洲研究高中 High School for Dual Language and Asian Studies	纽约，纽约市 350 Grand St., New York, NY 10002	16:1 低于全国平均水平， 392名学生 25名老师	100%参加AP考试，并100%通过	100分 金奖

续表

第十五名	诺斯赛德大学预科高中 Northside College Preparatory High School	伊利诺伊，芝加哥市 5501 North Kedzie Ave., Chicago, IL 60625	14:1 低于全国平均水平， 1069名学生 74名老师	100%参加AP考试，并100%通过	99.7分 金奖
第十六名	牛津中学 Oxford Academy	加利福尼亚，赛普拉斯市 5172 Orange Ave., Cypress, CA 90630	30:1 高于全国平均水平， 1152名学生 38名老师	100%参加AP考试，并99%通过	99.5分 金奖
第十七名	亚利桑那大学附属高中 Arizona University High School	亚利桑那，托尔森市 421 North Arcadia Blvd Tucson, AZ 85711	21:1 高于全国平均水平， 934名学生 44名老师	100%参加AP考试，并99%通过	99.3分 金奖
第十八名	太平洋中学 Pacific Collegiate School	加利福尼亚，圣克鲁兹市 255 Swift St Santa Cruz, CA 95060	19:1 接近全国平均水平， 515名学生 28名老师	100%参加AP考试，并99%通过	99.1分 金奖
第十九名	生物技术高中 Biotechnology High School	新泽西，福利豪德市 4000 Kozloski Rd Freehold, NJ 07728	14:1 低于全国平均水平，师生人数不详	100%参加AP考试，并99%通过	99.1分 金奖

续表

第二十名	新泽西州高科技高中 High Technology High School	新泽西，林卡福特市 Bcc Newman Spring Rd, Lincroft, NJ 07738	13:1 低于全国平均水平， 280名学生 27名老师	100%参加AP考试，并97%通过	98.5分 金奖
第二十一名	建筑设计高中 Design & Architecture Senior High	佛罗里达，迈阿密市 4001 NE 2nd Ave., Miami, FL 33137	17:1 接近全国平均水平， 505名学生 30名老师	100%参加AP考试，并97%通过	98分 金奖
第二十二名	美国洛杉矶惠特尼高中 Whitney High School	加利福尼亚，喜瑞都市 16800 Shoemaker Ave., Cerritos, CA 90703	26:1 高于全国平均水平， 1026名学生 39名老师	99%参加AP考试，并98%通过	97.9分 金奖
第二十三名	迈克尔·E. 德巴克卫生职业高中 Michael E. DeBakey High School for Health Professions	得克萨斯，休斯敦市 3100 Shenandoah St., Houston, TX 77021	16:1 接近全国平均水平， 854名学生 54名老师	100%参加AP考试，并97%通过	97.8分 金奖
第二十四名	松视中学 Pine View School	佛罗里达，奥斯坡里市 1 Python Path Osprey, FL 34229	18:1 高于全国平均水平， 2266名学生 123名老师	100%参加AP考试，并97%通过	97.7分 金奖

续表

第二十五名	约克学院附属皇后科学高中 Queen High School for the Sciences at York College	纽约，牙买加市 9450 159th St., Jamaica NY,11451	18：1 接近全国平均水平， 399名学生 22名老师	100%参加AP考试，并97%通过	97.7分 金奖
第二十六名	国际学校 International School	华盛顿，贝尔维尤市 445 128th Ave., SE Bellevue, WA 98005	19:1 高于全国平均水平， 551名学生 29名老师	100%参加AP考试，并97%通过	97.7分 金奖
第二十七名	布碌仑拉丁学校 Brooklyn Latin School	纽约，布鲁克林市 325 Bushwick Ave.， Brooklyn, NY 11206	16:1 接近全国平均水平， 508名学生 32名老师	100%参加AP考试，并96%通过	97.4分 金奖
第二十八名	全球教育文凭学校 The Baccalaureate School for Global Education	纽约，长岛市 3412 36th Ave., Long Island City, NY11106	16:1 接近全国平均水平， 478名学生 30名老师	98%参加AP考试，并96%通过	96.6分 金奖
第二十九名	斯坦顿大学预科高中 Stanton College Preparatory School	佛罗里达，杰克逊维尔市 1149 West 13th St.，Jacksonville, FL 32209	19:1 高于全国平均水平， 1546名学生 82名老师	100%参加AP考试，并95%通过	96.1分 金奖

续表

第三十名	美国国际社区学校 International Community School	华盛顿，科克兰市 11133 NE 65th St.，Kirland, WA 98033	23:1 高于全国平均水平， 373名学生 16名老师	100%参加AP考试，并95%通过	96.1分 金奖
第三十一名	卑尔根县技术高中 Bergan County Technical High School	新泽西，特特伯罗市 504 Route 48 West Teterboro, NJ 07608	10:1 低于全国平均水平， 635名学生 65名老师	100%参加AP考试，并95%通过	96.1分 金奖
第三十二名	斯特吉斯特许公立学校 Sturgis Charter Public School	马萨诸塞，海尔尼斯市 427 Main St., Hyannis MA 02601	10:1 低于全国平均水平， 739名学生 67名老师	98%参加AP考试，并95%通过	95.8分 金奖
第三十三名	西格内彻学校 Signature School	印第安纳,埃文斯维尔市 610 Main St., Evansville, IN 47708	13:1 低于全国平均水平， 337名学生 25名老师	100%参加AP考试，并94%通过	95.7分 金奖
第三十四名	康涅狄格国际文凭学院 Connecticut International Baccalaureate Academy	康涅狄格，哈特福特市东 857 Forbes St., East Hartford, CT 06118	15:1 低于全国平均水平， 188名学生 13名老师	97%参加AP考试，并95%通过	95.3分 金奖

续表

第三十五名	比弗顿国际学校 International School of Beaverton	俄勒冈，厄洛哈市 17770 Swblanton St., Aloha, OR 97007	28:1 高于全国平均水平，862名学生 31名老师	97%参加AP考试，并95%通过	95.2分 金奖
第三十六名	自由艺术和科学学院 Liberal Arts and Science Academy	得克萨斯，奥斯丁市 7309 Lazy Creek Dr., Austin, TX 78724	16:1 高于全国平均水平，962名学生 61名老师	97%参加AP考试，并93%通过	94.1分 金奖
第三十七名	罗利特许高中 Raleigh Charter High School	北卡罗来纳，罗利市 1307 Glenwood Ave., Raleigh NC, 27605	13：1 低于全国平均水平，540名学生 40名老师	95%参加AP考试，94%通过	94.1分 金奖
第三十八名	波士顿拉丁学校 Boston Latin School	马萨诸塞，波士顿 78 Ave Louis Pasteur., Boston, MA 02115	20：1 高于全国平均水平，2353名学生 115名老师	99%参加AP考试，91%通过	92.9分 金奖
第三十九名	普鲁斯学校 The Preuss School	加利福尼亚，拉荷亚市 9500 Gilman Dr. MC 0536 La Jolla, CA 92093	22:1 高于全国平均水平，825名学生 37名老师	100%参加AP考试，并90%通过	92.4分 金奖

续表

第四十名	吉尔福德学院 The Early College at Guilford	北卡罗来纳， 格林斯堡瑞5608 West Friendly Ave., Greensboro,NC 27410	24:1 高于全国平均水平， 199名学生 8名老师	94%参加AP考试，并92%通过	92.2分 金奖
第四十一名	艾迪尔学院和大学预科学校 IDEA Academy and College Preparatory School	得克萨斯，多尼纳市 401 South 1st St., Donna, TX 78537	16:1 接近全国平均水平， 790名学生 48名老师	98%参加AP考试，并90%通过	91.7分 金奖
第四十二名	弗里斯诺大学附属高中 Fresno University High School	加利福尼亚，弗里斯诺市 2611 East Matoian MS UH134., Fresno CA, 93740	23:1 高于全国平均水平， 480名学生 21名老师	100%参加AP考试，并89%通过	91.6分 金奖
第四十三名	罗纳德麦克奈尔博士学术中学 Dr. Ronald E. Mcnair Academic High School	新泽西，杰瑞西市 123 Coles St., Jersey City, NJ 07302	13:1 低于全国平均水平， 694名学生 54名老师	100%参加AP考试，并88%通过	90.9分 金奖
第四十四名	斯塔顿岛技术高中 Staten Island Technical High School	纽约，斯达坦斯岛 485 Clawson St., Staten Island, NY 10306	21:1 高于全国平均水平， 1186名学生 56名老师	96%参加AP考试，并88%通过	90.4分 金奖

续表

第四十五名	萨米特预科高中 Summit Preparatory High School	加利福尼亚，红木市 890 Broway, Redwood City., CA 94083	17:1 达到全国平均水平， 406名学生 24名老师	100%参加AP考试，并87%通过	90.4分 金奖
第四十六名	艾迪尔边疆大学预科学校 Idea Frontier College Preparatory	得克萨斯，布朗斯威尔 2800 South Dakota Ave., Brownsville，TX 78521	16:1 达到全国平均水平， 782名学生 48名老师	100%参加AP考试，并86%通过	89.8分 金奖
第四十七名	西塞拉学校 Western Sierra Collegiate Academy	加利福尼亚，诺克林市 660 Menlo Dr., Rocklin CA 95765	23:1 达到全国平均水平， 541名学生 23名老师	100%参加AP考试，并86%通过	89.8分 金奖
第四十八名	休谟福克学术高中 Hum-Fogg Academic High School	田纳西，纳什维尔市 700 Broadway Nashville TN 37203	21:1 高于全国平均水平， 935名学生 46名老师	99%参加AP考试，并86%通过	89.5分 金奖

续表

第四十九名	卡特自由高中 Liberty Common Charter High School	科罗拉多，纳什维尔市 1725 Sharpe Point Dr., Fort Collins CO,80525	18:1 高于全国平均水平， 979名学生 53名老师	99%参加AP考试，并86%通过	89.3分 金奖
第五十名	洛厄尔高中 Lowell High School	加利福尼亚，旧金山 1101 Eucalyptus Dr., San Francisoco, CA 94132	22:1 相当于全国平均水平， 2648名学生 119名老师	92%参加AP考试，并88%通过	89.3分 金奖

二、2015年美国前50名优秀私立高中排名

这个排名基于学生升入美国顶尖大学的比率，学生获得奖学金的比率，学生参加社会活动在艺术、体育等方面的表现，学校实验室和运动场等硬件设施，教师和学生人数比率等综合数据来考评。内容编译自网站“The Best Schools”。

2015年被评为美国最佳私立高中的学校

2015年全美优秀私立高中排名

名次	校名	学校所在城市	学费	是否招收国际学生	学校特色
1	三一学校 Trinity School	纽约州 纽约 New York	9~11年级 $39 125 12年级 $39 625	是	该学校成立于1709年，位于纽约曼哈顿。学校一直被视为全美国最重要的私立学校。因为它超过80%的教师拥有高学位，培养出来的学生都进入了美国的顶尖大学。该学校一直以来都排在《华尔街日报》优秀高中前十名。 杰出校友：网球明星约翰·麦肯罗，时尚顾问斯泰西·伦敦，演员亨弗莱·鲍嘉，创作歌手索菲·B·霍金斯，人提琴家马友友，小说家杜鲁门·卡波特和科尔森白石，导演奥利弗·斯通等。
2	罗克斯伯里拉丁学校 Roxbury Latin School	马萨渚塞州 波士顿 Poston	$24 300	是	该校是一个成立于1645年的男校。它以严谨的学术态度和雄厚的师资力量名列前茅。该校的音乐团体很有特色，有合唱团、爵士乐队以及各种室内乐团等让学生参加。该校被《福布斯》杂志评为美国第五。学生的SAT平均成绩高于全美的其他高中，是常春藤盟校（Ivy league，是指美国新英格兰地区8所大学组成的联盟）录取率最高的高中之一。 杰出校友：景观设计师弗雷德里克·劳·奥姆斯特德，实验心理学家爱德华·李·桑代克，教育家詹姆斯·布莱恩特·科南特等。

续表

3	布里尔利学校 Brearley School	纽约州 纽约 New York	$36 800	否	该校是一个位于曼哈顿上城的女子学校。在许多方面它都名列前茅。学校有44%少数族裔学生。学校重视学术成果，有37%的毕业生进入常春藤盟校、麻省理工学院和斯坦福大学。学校鼓励学生积极参与其众多的海外学习和交流项目，如和印度、中国和越南等国家的交流项目。学校还拥有蓬勃发展的艺术项目。该校被《福布斯》杂志评为全美第一女子高中。 杰出校友：人类学家玛丽·凯瑟琳·贝特森，小说家安妮和凯蒂·罗非，女演员吉尔·克莱布格、西格妮·韦弗和凯拉塞·奇威克和慈善家卡罗琳·肯尼迪。
4	霍瑞斯曼学校 Horace mann School	纽约州 纽约 New York	$39 100	否	该校是公认的顶级贵族学校。除了学术上的高要求外，学校要求学生们必须通过游泳测试，学习心肺复苏术并完成规定的社区服务项目。该校2010年被美国《福布斯》杂志评为全美第二名。《华尔街日报》排名第四。 杰出校友：作曲家艾略特·卡特，诗人威廉·卡洛斯·威廉斯，小说家詹姆斯·索尔特，哲学家约翰·塞尔，经济学家罗伯特·海尔布隆纳，普利策得奖作家罗伯特·卡罗，纽约州州长斯皮策和爵士钢琴家彼得·Cincotti。
5	温莎学校 Winsor School	马萨诸塞州 波士顿 Poston	$37 100	是	该校创办于1886年，是全美顶级女子中学。其卓越的学术成就和平均2100分的SAT成绩以及35%的常春藤盟校、麻省理工学院、斯坦福大学的录取率使其独领风骚。学校招收来自不同文化、种族背景的大约430名学生。 杰出校友：花样滑冰选手谭莉·欧布莱特和哈佛法学院玛尔塔·菲尔德教授。

续表

6	大学预备学校 College Preparatory School	加利福尼亚州 奥克兰 Auckland	$35 410	是	该校是一个全日制学校，只有320名学生。由于对学生苛刻的招生选择，保证了学生的质量。在过去的5年里，有22名学生进入斯坦福大学并顺利毕业。2010年在《福布斯》杰出高中排名中名列第17位。 杰出校友：导演米兰达·朱莉，国务院副助理国务卿戴维·马奇克和智能手机制造商HTC联合创始人王雪红。
7	学院中学 Collegiate School	纽约州 纽约 New York	$39 400	不详	该校位于曼哈顿上西区，是一所男子学校。创办于1628年，也是美国最古老的私立学校之一。该校学生的SAT平均成绩为2195分，常春藤联盟、麻省理工学院、斯坦福大学的录取率为41%，该校还拥有很优秀的足球队。《华尔街日报》将该校列为常春藤名校录取率的第一名。 杰出校友：电影导演彼得·博格达诺维奇和惠特·斯蒂尔曼，男主角大卫·杜楚尼和前总统之子约翰·肯尼迪。
8	斯宾塞学校 Spence School	纽约州 纽约 New York	$39 200	是	这个女子学校位于曼哈顿上东区，提供一个全球性的学习环境。超过33%的学生是有色人种，该校的课程设计使学生能够非常了解自身的定位，其英语教学课程非常有特色。学校有大约40个俱乐部可供学生们选择。 杰出校友：慈善家海伦·克雷·佛里克，作家弗朗辛·杜普拉西克斯·格雷，以及女演员格温妮丝·帕特洛。
9	哈佛西湖学校 Harvard Westlake	加利福尼亚州 洛杉矶 Los Angeles	$31 350	是	该校的显著特点是在课程建立上专注于人格教育和道德引导。学校允许学生直接学习和自主学习，鼓励学生旅游。2011年该校有三分之一的学生获得了国家优秀学生证书。2010年被《福布斯》评为全美最优秀高中第12名。 杰出校友：演员玛娜·洛伊、道格拉斯·费尔班克斯、秀兰·邓波、康迪斯卑尔根、伊丽莎白·蒙哥马利、杰米·李·柯蒂斯、玛吉和杰克·吉伦哈尔，以及电影导演贾森·雷特曼和宇航员萨利·莱德。

续表

10	道尔顿学校 Dalton School	纽约州纽约 New York	$40 220	是	道尔顿学校位于曼哈顿的上东区，有招收国际学生的计划。它有专门满足学生的个性化需求的方案。2010年，该校在《福布斯》排行榜名列第13位。 杰出校友：演员切维蔡斯和克莱尔·丹尼斯，作家弗朗西斯·菲茨杰拉德，科幻作家塞缪尔·德拉尼，记者埃里克·施洛瑟和马特侬格雷西亚斯，以及电视人物安德森·库珀和安德鲁·席莫等。
11	沙潘学校 Chapin School	纽约州纽约 New York	$36 500	不详	该校是一所位于曼哈顿上东区的女子中学。该校有广泛的伙伴关系网络，其中与外交政策协会等机构的合作为学生完成暑期实习提供了保障。学生也可选修服务学习课程，旨在把有意义的社区服务纳入教学，学习公民责任和社会问题。 杰出校友：作家安妮·莫罗·林德伯格，新泽西州州长克里斯廷·托德·惠特曼，女演员斯托克德·钱宁和西格妮·韦弗，时装设计师莉莉·普利策和王薇薇。
12	普林斯顿走读学校 Princeton Day School	新泽西州普林斯顿 Prince-ton	$30 230	不详	该校是一所男女同校走读学校，和普林斯顿大学有着密切的关系。该校的许多毕业生都进入了名校，如纽约大学、康奈尔大学、塔夫茨大学和乔治城大学等。该校采用了多项特别的教学项目，以培养学生全面发展。学校邀请有创意、有特色的艺术家以及社会人士举办讲座。2011年该校毕业班学生的三分之一被授予国家优秀奖。 杰出校友：演员克里斯托弗·里夫，创作歌手玛丽蔡平卡彭特和摇滚音乐人、三分球投手阿纳斯塔西奥。
13	圣安学校 Saint Ann School	纽约州纽约 New York	9~11年级 $32 400 12年级 $33 100	不详	该校是男女混合的走读学校，位于纽约市的布鲁克林高地。特别之处是该校不分年级，老师根据学生的特点精确和深入地准备有针对性的课程。 杰出校友：女演员珍妮弗·康纳利和莉娜·邓纳姆，说唱音乐人迈克·戴蒙德等。

续表

14	杰曼镇朋友中学 German town Friends School	宾夕法尼亚州费城 Philadel-phia	$29 795	不详	该校是一所男女同校的私立学校，位于费城北部杰曼镇。学校坚持其价值观念，让孩子们接受多样化的教育并保持其独立的人格。该校毕业生的20%进入宾夕法尼亚大学。根据其教学理念，学校不计算GPA的班级排名。 杰出校友：诺贝尔奖得主物理学家欧文·张伯伦和索尔·珀尔马特，电视制片人卡拉·Vallow，音乐制作人、作家桑德拉·博因顿。
15	国家大教堂学校 National Cathedral School	华盛顿特区 Wash-ington, D.C	$35 120	不详	国家大教堂学校（简称NCS）是一个私立的女子学校，位于首都华盛顿的麦克莱恩公园附近。NCS以前是国家大教堂，这里的学生有35%是有色人种。该学校的运动课程是强项。 杰出校友：美国驻联合国大使苏珊·赖斯，美国国会议员拜伦·富康。
16	芝加哥大学附属中学 University of Chicago Lab School	伊利诺伊州芝加哥 Chicago	$28 290	是	该校位于芝加哥市海德公园附近，是一所男女同校的走读学校，因其多样化的校园文化而闻名。学校于1896年由教授约翰·杜威（美国历史上最重要的哲学家、教育家、实用主义的集大成者）所创建。学生学习文化、道德规范、交际礼仪并可在学校参与一个优秀的世界语言计划。该校在学术上有世界知名度。 杰出校友：美国最高法院大法官约翰·保罗·史蒂文斯，作曲家斯内德·罗雷姆，历史学家威廉·麦克尼尔，哲学家莱昂卡斯，生物学家林恩·马古利斯，和美国教育部长阿恩·邓肯。

续表

17	学院中学 Collegiate School	弗吉尼亚州 里士满 Rich-mond	$21 520	不详	该校是位于弗吉尼亚州首府的一所私立中学。学校致力于追求学术成就和培养卓越的学生。所有的学生都被要求参加社区服务项目。学校建立了与中国、印度、墨西哥和西班牙的合作伙伴关系，并提高了外语学习中口语水平的要求。 杰出校友：众议院多数党领袖埃里克·坎托，电影制片人迈克尔·哥特瓦尔德，电视编剧迈克·亨利，西雅图海鹰队四分卫拉塞尔·威尔逊。
18	圣安德鲁斯中学 St.An-drews School	马萨诸塞州 里奇兰 Richland	$14 605	不详	学校招收幼儿园到12年级学生。该校始终保持着获得国家优秀奖的高百分比。除了优秀的学术传统，学校还提供与日本、中国、墨西哥、西班牙、法国和印度的交流项目。该校还要求学生在毕业前完成100小时的社区服务项目。 在过去四年中该校已经产生了四个总统奖学者。
19	德巴顿学校 Delbarton School	新泽西州 莫里斯敦 Morri-stown	$30 200	不详	该校是一个位于新泽西州的天主教学校。学校除了其卓越的学术表现外，还推广全球广泛合作的价值观。该校通过出国留学项目、邀请国际著名学者来校授课以及模拟联合国的方式，让学生熟悉外面的世界。 杰出校友：剧作家克里斯托弗·Durang，演员彼得·丁克拉格，计算机科学家罗伯特·塔潘·莫里斯和华尔街交易员、武术大师翰·乔利时。
20	联邦学院 Commonw ealth College	马萨诸塞州 波士顿 Poston	$3 4700	不详	该校是位于波士顿附近的走读学校。这个学校三分之二的毕业生获得国家优秀学者计划的认可。学校要求学生必须完成70小时优质的社区服务。《波士顿》杂志2009年将该校排名为最好的私立高中。 杰出校友：历史学家丹尼尔·派普斯，外交官彼得·加尔布雷思，电影导演卡斯·莱蒙斯和杰西·佩雷茨，演员麦·高林克莱特和模特卡梅伦·罗素。

续表

21	湖滨学校 Lakeside School	华盛顿州 西雅图 Seattle	$27 250	是	这所私立高中设立了比AP课程更严格、更难的学术课程，该校不提供AP课程。学校拥有多样化的学生群体，50%以上的学生是少数族裔。学生可参与全球事务，像国际象棋比赛等。如今，学校的全球服务学习计划“旨在帮助学生获得更广阔的国际视野，同时帮助全球的弱势群体”。 杰出校友：微软创始人比尔·盖茨和保罗·艾伦，以及电视演员亚当·西。
22	里吉斯中学 Regis High School	纽约州 纽约 New York	学费全免	否	该校是位于曼哈顿上东区的天主教男子走读学校。学校有一套严格的招生标准，并且被广泛认为是进入美国常春藤名校和其他顶尖高校的预备学校。学校每年招生人数非常有限，大约135人，免学费。 杰出校友：免疫学家安东尼·福西，作家、批评家吕克·桑特，图书出版商、编辑罗伯特·吉鲁，记者皮特·哈米尔和马克·马泽蒂，作家爱德华·康伦。
23	莱伊乡村走读学校 Rye Country Day School	纽约州 纽约 New York	$34 600	不详	该校成立于1869年，是一个位于长岛的走读学校。学校的毕业生有很高的大学录取率，学校也为学生们提供多样的社区服务实践机会。该校有很多课外活动，促进了多元化的校园文化发展。学校对毕业生的毕业设计要求严格。 杰出校友：普利策奖获奖剧作家爱德华·阿尔比，第一夫人芭芭拉·布什，电视演员尼克·克罗尔。

续表

24	水晶泉高地学校 Crystal Springs Uplands School	加利福尼亚州旧金山 San Francis-co	$35 700	是	这是一所第一个不接纳美国大学理事会提供的AP课程的学校。这样做的目的，是让教师可以设计更具挑战性的课程，使学生通过实习调查研究，积累经验。但学生可以选择参加AP课程考试。学校超过50%的学生为少数族裔。 杰出校友：女继承人帕蒂·赫斯特，嘻哈音乐制作人查理·库巴尔，女演员波利·德雷珀。
25	布朗白金汉官和尼克尔斯学校 Buckingham Browne Nichols School	马萨诸塞州剑桥 Cam-bridge	$38 030	是	该校于1974年由白金汉宫学校（1889）和布朗、尼克尔斯学校（1883）合并，创建了充满活力的合作教育机构（BB&N）。BB&N的优秀学者对学生进行严格的训练，使学生能成功进入美国最顶尖大学。学校强制学生参加各项运动。 杰出校友：演员安东尼·珀金斯，监狱联谊会创始人查尔斯·科尔森，美国国家公共电台西尔维亚波焦利，美国众议员约瑟夫·P·肯尼迪，亿万富翁阿比盖尔·约翰逊和Netflix公司创始人里德·哈斯廷斯。
26	圣马克得克萨斯州分校 St. Mark's School of Texas	得克萨斯州达拉斯 Dallas	$25258	不详	该校是一个男子学校。校园环境优美，教学严谨。 杰出校友：《国家讽刺周刊》的创始人之一罗伯特·霍夫曼，创作歌手博兹·斯卡格斯，演员汤米·李·琼斯、卢克·威尔逊和欧文·威尔逊。
27	旧金山大学高中 San Francisco High School	加利福尼亚州旧金山 San Francis-co	$35 440	不详	该校于1975年建立，倡导自主学习和自我指导的理念，这是其独特价值所在。学校提供优良的课程并要求学生参加社区服务。该校有超过40%的少数族裔的学生。 杰出校友：作家伊桑·坎宁，导演、演员阿里金，国联投手泰勒·沃克，演员约翰·莫里斯。

续表

28	马尔伯勒学校 Marlborough School	加利福尼亚州洛杉矶 Los Angeles	$28 950	是	该校是一所私立女子高中，是南加州最古老的女子高中之一。学校有访问学者的项目，不要求学生必须参加社区服务，但鼓励学生们有价值地生活。 杰出校友：小说家内尔弗洛登伯格，作家安妮·法迪曼，演员、剧作家佐伊·喀山，和MSNBC主播亚历克斯·威特。
29	河谷乡村学校 Riverdale Country School	纽约州纽约 New York	$35 500	否	该校校园面积是纽约城里最大的。学校不设AP课程，但提供给学生更多的挑战性和创新性课程。此外，要求所有的学生必须准时毕业。该校对学生的艺术修养也有一定的要求。 杰出校友：美国参议员爱德华·M·肯尼迪，创作歌手卡莉·西蒙，科普作家詹姆斯·格雷克，国家橄榄球联盟（NFL）卡尔义·约翰逊，宾夕法尼亚州州长埃德·伦德尔，餐馆评论家蒂姆·查格，演员塞萨尔·罗梅罗等。
30	芝加哥拉丁学校 Latin School of Chicago	伊利诺伊州芝加哥 Chicago	$28 985	不详	芝加哥拉丁学校成立于1888年，是男女同校的大学预科学校。拉丁学校的使命是为学生提供以人为本的文化、思想多元化的环境以及学术严谨、创新的教育项目。学校的宗旨是“以激发学生追求自己的激情和领导力为目的，鼓励学生追求卓越的生活”。除了核心要求以外，学校在各个学科领域提供许多创新的选修课程。 杰出校友：雕塑家克拉斯·奥尔登堡，创作歌手罗杰·麦吉恩，演员、制片人鲍勃·巴拉班，第一夫人南希·里根，美国参议员史蒂文森，美国最高法院大法官约翰·马歇尔·哈伦。

续表

31	菲尔德斯顿文化伦理学校 Ethical Culture Fieldston School	纽约州 纽约 New York	$39 525	否	该校成立于1878年，目的是培养低收入家庭的孩子。该校强制要求学生学习伦理学和哲学课程以及参加至少60小时的社区服务。学校不提供AP课程，以更多有创新性和挑战性的课程代替。 杰出校友：物理学家罗伯特・奥本海默，人工智能（artificial intelligence 简称AI）先锋马文・明斯基，评论家克里斯托弗莱曼・豪普特。
32	波多马克中学 Potomoc School	弗克尼亚州 麦克莱恩 McLean	$33 345	否	该校90英亩的校园郁郁葱葱。学校的艺术教育非常强，学生有机会学习视觉和表演艺术，包括音乐和戏剧等。学校强调个性发展，并以社区服务为标准课程。 杰出校友：女演员弗朗西斯・斯滕黑根和Keshia骑士普利亚姆，纪录片制作人罗里・肯尼迪，音乐评论家亚历克斯・罗斯。
33	布兰森学校 Branson School	加利福尼亚州 罗斯 Ross	$35 000	是	布兰森学校位于旧金山以北的马林县，始建于1920年。高中部大约320名学生。学校通过活泼、广泛和严谨的教学项目培养学生的批判性思维和沟通能力，使学生发展个人潜能和兴趣，追求终身的学习热情。学校对外语要求严格，每一个学生需要在两年内掌握两种不同的语言。新生必须完成规定时间的社区服务。 杰出校友：作家、电视名人茱莉亚・查尔德，奥运滑雪运动员强尼・莫斯利，纪录片导演珍妮弗・希碧尔。
34	布伦瑞克学校 Bruns-wick School	康涅狄格州 Green-wich	$35 700	不详	布伦瑞克学校有较高的名校升学率。学校要求所有的学生都必须参加运动。该校有独特的出国留学的机会，在阿拉伯国家、巴哈马群岛和瑞士有六个单学期课程的选择。 杰出校友：演员、编剧彼得・方达，体育专栏作家比尔・西蒙斯，社交网络先驱的创始人卡梅伦和泰勒・文克莱沃斯。

续表

35	玛雷学校 Maret School	华盛顿特区 Washington, D.C.	$32 745	不详	学校创办于1911年，是位于首都华盛顿伍德利公园附近的一所私立学校，有超过40%的学生是少数族裔。该校着重学生的外语教学。学生必须前往洪都拉斯、印度、法国学习夏季课程，积累学分。学校还要求学生在视觉和表演艺术方面有所专长。 杰出校友：电影作曲家西奥多·夏皮罗，教育家、作家罗莎琳德·怀斯曼。
36	鲍德温学校 Baldwin School	宾夕法尼亚州布林莫尔 Bryn Mawr	$28 000	不详	这是一所女子走读学校，位于费城西部，学校的主要建筑都具有历史文物价值。该校不提供AP课程，也不提供更具挑战性的课程给学生。学校最关心的是学生的学习环境以及学生综合能力的持续上升，让学生们在艺术、体育等方面得到多样性发展。有35%的学生是少数族裔。 杰出校友：演员克妮莉亚·奥蒂斯·斯金纳，作家安德烈·李，哲学家玛莎·努斯鲍姆。
37	哈弗福德学校 Haverford School	宾夕法尼亚州哈弗福德 Haverford	$34 800	是	哈弗福德学院是一所基督教走读学校。该校多年来一批又一批的学生进入了美国顶尖大学。学校秉持社区服务和学习并重的理念，每个学生都需要完成每年规定的社区服务项目。 杰出校友：画家马克斯菲尔德·帕里什，物理学家钱百敦，宇航员皮特·康拉德，政客科罗拉多州州长约翰·希肯卢珀。

续表

38	南丁格尔·班福德学校 Nightingale-Bamford School	纽约州 纽约 New York	$38 820	不详	南丁格尔·班福德学校是一所女子走读学校，位于曼哈顿上东区。30%少数族裔的学生比例，让学校有着多元文化的交融。学校鼓励学生到世界各地游学，增长见识。除了一些基本的课程外，学校还有在科学、创意写作、视觉教育、戏剧等方面的专门的教育项目。 杰出校友：美国众议员米利森特·芬威克，政治顾问曼迪·格伦沃尔德，女演员莎拉·汤姆森，儿童作家塞西莉·冯·齐格萨。
39	霍普金斯学校 Hopkins School	康涅狄格州 纽黑文 New Haven	$32 100	不详	霍普金斯学校是霍普金斯大学的预科私立学校，成立于1660年，是美国历史最悠久的学校之一。该校通过其多样化的课程和课外多种类的实践活动，使学生拥有良好的学术和艺术造诣。在新生入校之际，学校会介绍霍普金斯独特的道德和领导理念。 杰出校友：物理学家约西亚·威拉德·吉布斯和作曲家查尔斯·艾夫斯。
40	波士顿大学学院 Boston University Academy	马萨诸塞州 波士顿 Poston	$33 574	不详	这是一所波士顿大学的预科学校，成立于1993年，由波士顿大学经营。该校不是特别注重考试分数和SAT成绩。无论在课堂内还是在课堂外，学校都提供充足的机会让学生接触批判性思维的西方传统，学校还提供众多的学生活动项目，包括艺术、戏剧、舞蹈、电影、数学、国际象棋和机器人俱乐部等。

续表

41	圣约翰学院 St.John's school	得克萨斯州休斯敦 Houston	$21 550	不详	圣约翰学院是一所位于休斯敦附近的大学预科走读学校。学校的使命是培养学生良好公民和领导人的素质。这里的学生百分之百参与社区服务，虽然学校没有硬性规定。学校还鼓励学生完成独立和定向研究项目。 杰出校友：幽默专家莫莉·艾文斯，出版商、电影制片人克里斯蒂·霍拜格。
42	宾格利高中 Pingry School	新泽西州马丁斯维尔 Martinsville	$33 040	是	该校是一所走读学校。学校拥有良好的学术声誉，也具有优良的运动传统。全校大约有86%的高中部的学生参加各种体育项目。学校开设多元文化课程，多元文化是校园特色。 杰出校友：第二次世界大战记者、作家理查德·楚卡斯克斯，物理学家霍华德·格奥尔基和詹姆斯·约克，经济学家格里高利·曼昆，导演托德·索伦兹，演员安德鲁·麦卡锡以及国土安全部部长迈克尔·切尔托夫。
43	北岸乡村学校 North Shore Country Day School	伊利诺伊州温内特卡 Winnetka	$26 800	不详	该校是一所大学预科学校，建于1919年，位于密歇根湖附近芝加哥以北。该校强调科学、数学、人文、语言和艺术课程方面的突破。学校不断增强的课程挑战，要求学生们在个人成长和学术方面追求卓越。该校引以为豪的是每个学生都是社区服务的参与者。 杰出校友：女演员杰西卡·哈珀和流行音乐歌手理查德·马克思。

续表

44	西德威尔友谊学校 SidwellFriendsSchool	华盛顿特区，贝塞斯达 Washington，D.C.	$34 268	是	该校成立于1883年，由托马斯·西德威尔创办。学校现有两个校区，分别在华盛顿特区和马里兰州贝塞斯达。学生们致力于实践和自我管理，学校不提供学生成绩排名。学校有独特和广泛的中国研究项目。毕业生多被美国的顶尖大学录取。 杰出校友：航空先驱者查尔斯·林德伯格，诺贝尔奖获得者化学家沃尔特·吉尔伯特，小说家戈尔·维达尔，“普利策奖”获奖剧作家玛格丽特·埃德森，经济学家乔治·阿克尔洛夫，总统克林顿的女儿切尔西·克林顿，总统奥巴马的女儿萨莎·奥巴马和玛丽亚·奥巴马。
45	吉尔曼学校 Gilman School	马里兰州巴尔的摩 Baltimore	$26 180	是	该校创办于1897年，曾被认为是全国第一的私立走读学校。学校致力于培养学生的个性发展，学生必须选择视觉、表演艺术类以及宗教课程；还必须参加田径和社区服务项目。 杰出校友：作家沃尔特·罗德，体育记者、电台评论员弗兰克·迪弗德。
46	格林希尔学校 Green-hill School	得克萨斯州艾迪生市 Addison	$24 850	不详	该校为学生提供了独特的课程让学生们塑造自己，学生可根据自身的需要和实际情况选择学习的课程。学校的核心原则是“荣誉、尊重、同情”，这是灌输给每一个学生的准则，“加上均衡的教育，让学生以充分准备追求终其一生的成功。” 杰出校友：歌手、词曲作者玛蒂·麦圭尔和艾米丽·罗宾逊，电视体育评论员罗布·斯通以及时装设计师莱拉·罗斯。

续表

47	塔山学校 Tower-hill School	德拉维尔州 威尔明顿 Wilmin-gton	$26 425	是	该校成立于1919年，承诺以渐进式教学方法教育学生，被评为特拉华州最好的大学预科学校之一。学校要求学生不仅学业上出类拔萃，还必须参加校际体育比赛。学生还被要求完成40小时的社区服务以及美术类和音乐类的全部学分。学校不提供AP课程，但提供了更加严格和具有挑战性的课程。 杰出校友：电视名人穆罕默德·奥兹博士和杜邦公司首席执行官艾伦·J·库尔曼。
48	约翰巴勒斯学校 John Burroughs School	蒙大拿州 圣路易斯 St.Louis	$22 900	不详	该校具有很高的学术水平。学校以19世纪著名博物学家巴勒斯（Buroughs）命名，拥有多样性和多元文化的教育项目，以确保多元化的课程。学校对学生没有社区服务要求，但半数以上的高年级学生参加社区服务。 杰出校友：小说家简·斯迈利和著名餐饮集团掌门人丹尼·迈耶。
49	布莱克学校 Blake School	明尼苏达州 明尼阿波利斯市 Minne-apolis	$24 450	不详	该校建于1900年，位于明尼阿波利斯市的洛瑞山段。学校强调道德和诚信教育，具有卓越的学术成就。高年级学生必须完成学校规定的项目作为毕业要求。 杰出校友：作家罗伯特·梅纳德·波西格、查尔斯·巴克斯特和亚瑟·菲利普斯，电影导演乔治·罗伊·希尔以及喜剧演员、美国参议员弗兰肯。

续表

50	纳什维尔大学高中 University School of Nashville	日纳西州纳什维尔 Nashville	$19 250	不详	该校成立于1888年，学校为学生提供两个校区。学校长期承诺以艺术来熏陶学生享受纳什维尔的文化。在这里信仰的多样性不会受到歧视，促进生成多元文化的校园是学校的目标。 杰出校友：诺贝尔奖获奖化学家斯坦福·摩尔，“普利策奖”得主、历史学家罗伯特·马西，乡村音乐歌手舒特尔·詹宁斯，美国国家公共广播电台、麦克阿瑟研究员亚德。

三、美国私立高中招收国际学生的标准

美国私立高中招收国际学生的标准同大学不太一样，基本不需要托福或者雅思成绩。每一个学校可根据自己的情况进行招生。一些入学竞争激烈的优秀的私立高中担心国际学生的英语水平差，无法跟上日常课程，所以需要学生提供托福或雅思的外语成绩作为参考，而且要求学生参加英语入学考试。而那些入学竞争不是特别激烈的高中则不需要托福或雅思的考试成绩，相应地他们还开设ESL（非母语英语课程，English as Second Language）为学生们补课。

美国每一所私立学校招收外国学生都有一定的比例，能够招收国际学生的学校，国际学生在校的比例为15%~35%之间。对于国际学生的入学要求，除了政府要求的“I-20”等证明身份的手续外，还要求学生的英语和数学成绩。在英语和数学水平达标的条件下，学生的

课外活动、兴趣爱好、特殊才艺、领袖才能等都是加分的考量。

关于费用问题，美国私立学校的收费一年最少都在2万美元以上，好学校的收费就更加昂贵。如果加上寄宿家庭的费用，总体上大约一年要3~5万美元。

中国家长们送孩子到美国的私立高中上学，不要期望孩子一定要进入前50名或者前100名最优秀的高中，这些高中的课业非常重，美国本地的孩子在这样的高中上学都会感到吃力。对于中国的孩子们来说压力过大可能会不适应。有些中国学生看似英语已经过关，考上了美国前100名著名高中。但事实上他们的成绩大多数都是临阵磨枪在托福辅导中心的帮助下考出来的，这样的应试英语根本不能应用到学习和生活中。如果中国学生的英语水平无法达到学校教学中的要求，孩子上学就会有挫折感，学习跟不上就容易产生自暴自弃的情绪，得不到好的学习效果。因此对孩子的教育要循序渐进，脚踏实地，不要罔顾虚名是每一个家长都应当注意的。

事实上，对于中国的高中生们来说，无论进入美国最优秀的私立高中还是普通的私立高中，只要是校园风气好对于他们的成长都十分有利。因为美国学校能给他们创造一个优良的英语环境，即便学术成绩不是非常优秀的高中，在学生课业、课外活动、主副科的搭配方面都还是能够达到美国教育机构所规定的标准的。

第四章 美国SAT、ACT考试和AP课程简介

到美国读书的外国学生无论是上高中还是上大学，如果其托福成绩过关，只能说明他们的英语水平达到了学校要求的标准，并不能从整体上说明留学生英语已经达到了同美国本土学生进行无障碍交流的水平。也不能证明留学生其他方面的学业水平高于美国本土的学生。如果留学生有SAT、ACT的成绩同时又有AP先修课程的成绩，他们就可以同美国的本土学生在一个起跑点竞争。美国名校在招收国际学生的时候，除了学生的托福和课业成绩、课外活动表现、领导才能外，SAT和ACT成绩也是他们考量的重要因素。为什么SAT、ACT这么重要呢？让我们来大概了解一下这些考试的主要内容吧。

一、什么是SAT考试?

SAT全称为学习能力资质测验（Scholastic Aptitude Test）和学术评估测试（Scholastic Assessment Test），是由美国大学理事会（The College Board）委托美国教育服务社（Education Testing Service）定期举办的测验。SAT成绩是美国各大学在学生申请入学时，考量学生的重要参数之一。最早的SAT考试于1926年举办。

SAT测验分为SAT推理测验（SAT Reasoning Test，也称SATⅠ）和SAT学科测验（SAT Subject Test，也称SATⅡ）两部分。第一部分考查的是学生的智力，包括逻辑能力、分析能力和写作能力。考查的内容分为阅读（Critical reading）、数学（Math）写作（Writing）三个模块，(2016年改为阅读和数学，写作改为可选择项目)。第二部分为选考部分。可选择的科目有数学、物理、化学、生物、历史，外语等五大类。绝大部分美国名校只要求中国留学申请人提供SATⅠ的成绩即可，但个别院校及专业会要求申请人提供SATⅡ的单科考试成绩。

2016年之前，SAT总成绩为2400分，由三个800分部分组成（数学、批判性阅读、写作）。参加SAT或ACT考试是许多美国大学录取学生的要求，但并不是全部大学都这样要求。现在，包括英国在内的许多其他国家的大学也开始承认这项考试。

美国大学理事会声称SAT是测试学生在大学阶段所需的文化与写作水平。SAT测验考生的分析与解题能力，学生一般在高中三年级或四年级（美国高中学制为四年制）时参加SAT考试。大学委员会会将SAT分数与高中生学业平均成绩点数（Grade Point Average，简称

GPA）组合在一起，准确地预测学生在大学阶段的学习成绩。这相比单独使用高中平均成绩点数预测大学成绩来说更加准确。

与其他国家的教育体系不同，美国不同学校的教学方法和课程都有很大区别，即便是同一州，不同学区不同高中的课程都有所区别。这个差别主要是由于美国教育部门允许地方自主决定学校制度，而在美国的税务制度下学校的财政都是地方政府提供的，因此财政收入高的地方政府就能够为学校提供更多的资源。

如同我国有高考，英国有A-Level（General Certificate ofEducation Advanced Level，普通中等教育证书考试高级水平课程）这样的中央统筹中学毕业考试制度一样，美国用SAT或者ACT这样的标准来测验学生的基本能力。每个大学招生都有自己的侧重面，除了学生的SAT成绩，还有学生所在高中的排名、学业平均成绩点数（GPA）等方面。

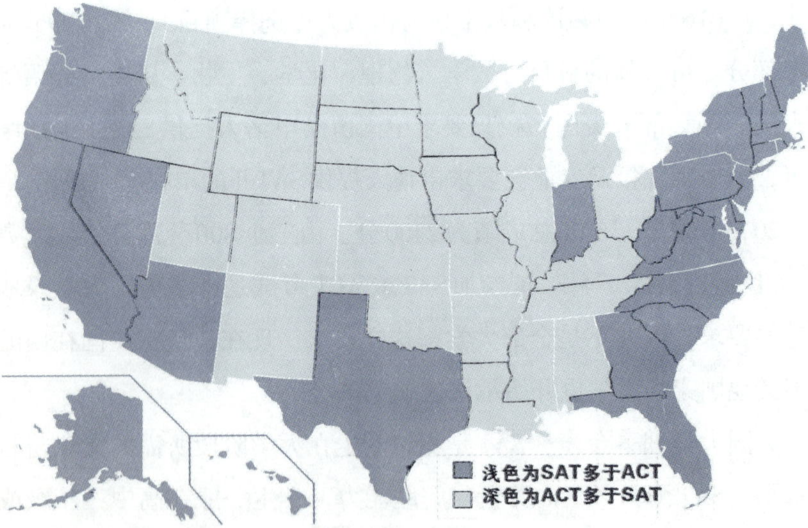

美国SAT和ACT考试分布图

从历史角度来看，SAT在美国东西部盛行，而ACT在中西部和南部更受欢迎。在认可程度上，全美所有的大学都认可ACT成绩；绝大多数大学特别是常春藤名校认可SAT成绩，有少数大学不认可SAT成绩。此外，一些高科技公司也将SAT成绩作为其申请标准。

非常值得一提的是，美国大学理事会在2016年将SAT的测试制度进行了重大的调整，将以前的满分2400分，调整为1600分。分为阅读、语法、数学和写作（选考）四部分，由美国教育测验服务社（ETS）承担其命题及阅卷工作。此SAT从2016年3月起开始在美国本土实行，随后将在全球取代现行的SAT考试体系。其成绩是世界各国高中生申请美国大学入学资格及奖学金的重要参考，但它们只是大学录取学生时参考的材料之一，并不是完全决定性的因素，SAT成绩有效期为2年。

与以往的2400分满分SAT测试制度不同的是，新版SAT考试将作文部分分离出去，不再列入总分。作文部分成为可选项目，多项选择题答案选项数量将从5个减少为4个。在阅读考试部分，将给考生一个提示，然后让考生从文本中寻求最合适的答案。新版考试将增加图形和图表的使用，考生需要从各种形式的数据中提炼出有用信息。2016新版SAT考试依然侧重考核学生的英语和数学能力，尽管会涉及其他学科，但会提供包括图形和图表之类的提示，主要考察学生的还是这两方面的能力。另外，新版SAT考试难度依旧。即使新版考试免去了答题错误的惩罚性扣分，也消除了晦涩难懂的语言，但是考试还是十分具有挑战性。测试期间，考生首先需要阅读4500词汇量的文本，包括5个冗长的文字段落和100道略微有点冗长的问题题目。

（一）SAT推理测验（SAT Reasoning Test）

SAT Ⅰ主要测验考生的阅读、写作和数学能力，一般高中生申请进入美国本科学校只需参加SAT Ⅰ考试就可以了。SAT Ⅰ成绩是各大学统一要求的，即SAT Ⅰ成绩达到一定标准，才能有机会迈入大学的校门。如果你只想进入美国的一般大学，考SAT Ⅰ就够用了。很多美国的高中生也只考SAT Ⅰ，即推理测验。但是，由于美国的名校竞争激烈，一些名牌大学，像长春藤院校等，都要求学生们提供SAT Ⅱ的成绩。SAT Ⅱ考的是高中的专科课程，每门科目考试的范围都非常宽广。大学招生办公室经常用SAT Ⅱ的成绩来评估学生在某个学科上的专业程度。一般来讲，越热门的学校，录取率越低的学校，就越看重SAT Ⅱ的成绩。在一些竞争最激烈的学校，SAT Ⅱ 的成绩甚至和SAT Ⅰ或者ACT同等重要。

SAT Ⅱ分为数学、科学、语言、英语、历史与社会科学五大类。其中数学类包括数学1级和数学2级，科学类有物理、化学、生物三门，语言类包括中文等十二门，英语类只有英语文学一门，历史与社会科学类有美国历史和世界历史两门。综上所述，SAT Ⅱ一共有二十门。SAT Ⅱ各门考试时间都是一个小时，每个科目考试的成绩最低为200分，最高800分。

（二）批判性阅读（Critical Reading）

新的SAT批判性阅读部分答题时间六十五分钟，题目总数为五十二个，平均每题答题时间一分十五秒。阅读的文章四至五篇，每一篇长度大约五百至七百五十个词左右。文章的内容包括文学、历史以及社会研究方面。文章的难度在高中四年级至大学一年级之间，每一篇文章后都有十至十一个问题。

目前的SAT阅读文章的长度差别大，短文章只有一百词汇不到，长文章达一千单词词量。不同题材的文章各自所占比例不确定，为了避免偏见，大学理事会经常选择涉及美国少数民族或移民内容的文章。新SAT阅读文章的选择除了保留目前SAT的两篇题材相近的较长文章构成一组文章以外，其他文章的选择类似其竞争对手ACT的文章选择，各篇文章之间的长度比较均衡，文章后面的问题数也基本一致。而且，新SAT阅读各类题材（文学、历史与社会研究、科学）文章所占比例每次考试都固定，不像目前SAT考试中各类题材文章的比例经常出现变化。

（三）数学（Mathematics）

新版SAT数学测试加入函数等内容，目的是考察学生未来需要学习的方向，并为之后的学习做准备。相对于以前，难度有所增加。新SAT数学舍弃和新增的考察内容都是学生在将来的大学学习或日后工作中会经常用到的知识点。新SAT数学删去了大多数算术部分的内容，保留了一小部分与数据分析密切相关的内容（如分数、比率、比例、百分比等）放在数据统计与分析题中。根据新版SAT的数学考卷来看，算数部分变少，代数部分增加，函数和方程成为重点，而平面几何、立体几何与解析几何的内容大大缩水。新SAT数学的题目变长，词数增加。与现在SAT数学平均每题27个单词相比，新SAT数学每题平均51个单词，几乎增加了一倍。

（四）写作（Writing）

SAT的写作部分从2016年起，变成了选择项目，却仍然是考察学生综合写作能力的一个指标。新SAT作文从论证自己观点到分析别人如何论证观点，这可以说是新SAT作文最根本的变化。新SAT写作部分要求考生先阅读一篇长约650~750个单词的带有观点的文章，然后要求考生分析作者是如何论证其观点的。

虽然作文是可选择项目，但这并不意味着就可以不考。事实上，排名靠前的美国名校还是看重作文分数的，如果别的学生考了作文，但自己没考，毫无疑问这在申请大学时将失分。因此可以预见，即使新SAT中的作文变为选考，但如果想进入名校，大部分学生还是会选择考试。新SAT作文时间为50分钟。与之相应，新SAT作文理想长度也增加到600个单词左右，考生的工作量加大。

整个新的SAT中，阅读能力变得至关重要：阅读部分需要阅读能力，数学部分要求更强的阅读能力，作文也需要首先能读懂给出的文章。因此多读美国报刊文章和美国名家名作很有必要。要学会像记者那样去分析和表达信息，并从第三方的角度去阅读名人文章或者报刊文章。

（五）SAT的题型

除了批判性阅读句子填空题和数学填空题之外，绝大多数SAT题型都是选择题，所有选择题都有4个选项，其中一个是正确的。每部分同种题型一般呈由易而难的顺序排列，除了长短文章段落阅读部分。

2016年以前的选择题是五选一，反对学生蒙答案。考生对于不会的问题蒙答案，如果答错了，还会扣分。新版的SAT则取消了错题扣分的规则，事实上，蒙答案从另一个角度可以看出学生的综合分析能力。在这方面，新的SAT考试就没有原来的SAT那么严格了。

章节	平均分	时间（分钟）	考查内容
写作	493	60	语法、措辞、用语
数学	515	70	数字与运算、代数与方程、几何、统计学、概率、数据分析
批判性阅读	501	70	词汇、句子结构、段落文意

（六）SAT学科测验（SAT Subject Test，也称SATⅡ）

SAT学科测验（SAT Subject Test，也称SATⅡ）共有英文、历史、数学、科学、外语五部分。

英文包括：文学

历史包括：美国历史、世界历史

数学包括：数学1级、数学2级

科学包括：生态学、分子生物学、化学、物理

外语（含听力）：汉语、法语、德语、日语、韩语、西班牙语、意大利语、现代希伯来语、拉丁语

SAT在美国一年开考7次，时间分别为每年的10月、11月、12月、1月、3月（或与4月轮替出现）、5月、6月。考试一般在10月、11月、12月、3月（或4月）、5月、6月的第一个周六举行，其中1月的考试在最后一个周六举行。在其他国家SAT考试时间除了春季第一

场考试（3月或4月）不能考，其他都与美国的同步。2006年，SAT考试提供了1 465 744场次。考生在考试当天可以选考SAT推理测验或最多三门SAT学科测验，春季第一场考试只提供SAT推理测验。想要报考的考生可以通过美国大学委员会的官网注册、邮寄（写信向美国大学委员会申请报名表格）或致电（需要参加过SAT考试，在美国大学委员会有考生详细注册信息）报名，但必须提前三周。

SAT学科测验在考试当天除了含听力的外语考试，考生可以临时改变主意选考“任意”科目考试，不论他们当初报考的是哪门科目。多考的考生会收到大学理事会的账单，并在付账后收到成绩单。少考的考生则不会收到退费。

考生因宗教信仰的原因不能参加周六考试的，可以申请在第二天考试。身体行动不便的考生，可以得到SAT考务方面提供的便利。

（七）成绩计算

考生在考试结束后三周左右可以通过SAT官方网站在线查分。原始分数由每部分200~800得分组成。除原始分数外，考生会收到他们成绩的百分位数（即与其他考生成绩的对比），以及正确答案的得分和错误答案的减分明细。若考生另外付费，就可以获得答案解析，包含了考生的答案和正确答案以及相应的解析。

百分位数因考试的不同而不同。例如，在2003年SAT推理测验两部分的800分对应百分位数的99.9，而SAT物理考试的800分对应百分位数的94。造成这种不同是因为考试的内容不同以及考生水平的不同。SAT学科测验常被着重复习（常与大学先修课程AP一并复习，后者相对更难），而且只有自知能够考好的考生才会参考，导致成绩分布不均。

下表是2006年毕业生的SAT成绩表：

百分位数	2006年成绩（1600计分）	2006年成绩（2400计分）	百分位数	2006年成绩（1600计分）	2006年成绩（2400计分）
99.93/99.98*	1600	2400	61	≥1090	≥1600
99+ **	≥1540	≥2280	48	≥1010	≥1500
99	≥1480	≥2200	36	≥950	≥1400
98	≥1450	≥2140	24	≥870	≥1300
97	≥1420	≥2100	15	≥810	≥1200
93	≥1340	≥1990	8	≥730	≥1090
88	≥1280	≥1900	4	≥650	≥990
81	≥1220	≥1800	2	≥590	≥890
72	≥1150	≥1700			
* 2400计分的满分百分位数为99.98，1600计分的满分百分位数为99.93。					
** 99+指超过99.5%的考生					

下表是加州大学SAT和ACT成绩的转化表：

SAT（无写作）	SAT（有写作）	ACT成绩	SAT（无写作）	SAT（有写作）	ACT成绩
1600	2400	36	1080~1110	1620~1670	23
1560~1590	2340~2390	35	1040~1070	1560~1610	22
1520~1550	2280~2330	34	1000~1030	1500~1550	21
1480~1510	2220~2270	33	960~990	1440~1490	20
1440~1470	2160~2210	32	920~950	1380~1430	19
1400~1430	2100~2150	31	880~910	1320~1370	18
1360~1390	2040~2090	30	840~870	1260~1310	17

续表

1320~1350	1980~2030	29	800~830	1200~1250	16
1280~1310	1920~1970	28	760~790	1140~1190	15
1240~1270	1860~1910	27	720~750	1080~1130	14
1200~1230	1800~1850	26	680~710	1020~1070	13
1160~1190	1740~1790	25	640~670	960~1010	12
1120~1150	1680~1730	24	600~630	900~950	11

SAT最初在美国东北地区的院校使用，是由心理学家卡尔·布里格姆研发，用于测试来自不同社会、经济背景的考生，消除偏差歧视。

由于满分数量增多，SAT考题相应的提升了难度。新的SAT推理测验中的写作部分是根据前SAT学科测验写作考试改编而成，一是为了缩小最高成绩与中等成绩之间的差距，二是通过作文题可以考查学生的写作能力。数学部分考查范围扩大到高中三年级数学。词汇部分被更名为批判性阅读。

二、什么是ACT考试？

ACT全称American College Testing，是美国大学本科的入学考试，也是奖学金发放的重要依据之一。ACT考试分为四个部分：文章改错（English）、数学（Math）、阅读（Reading）和科学推理（Science Reasoning）。

ACT是美国高中生报考美国大学的标准入学考试，相当于美国的高考。美国的大学既把ACT视为入学条件，又把它作为发放奖学金的主要依据之一。中国考生参加ACT考试后可直接申请美国大学入学和奖学金，获得美国本土学生的同等待遇。

该考试成绩被美国的部分大学作为最重要的入学成绩依据，目前全世界每年有近250万人次参加美国的ACT考试。ACT的考试成绩被美国3 300多所大学、学院及奖学金项目采用（包括哈佛、麻省理工、耶鲁大学等所有常春藤名校）。认可ACT考试的国家有美国、加拿大、英国、爱尔兰、澳大利亚、新西兰等英语国家。

ACT考试由美国大学测验组织机构（ACT）主办。ACT考试的四个部分均不是单纯的语言考试，而是对学生综合能力的测试。考试重视学生对基础课程的掌握并考查学生的学业成绩，难度贴近高中生水平。ACT必考科目为：英语、数学、阅读、科学，全部为选择题，共215题。ACT总分36分，考试时间共175分钟。过去十年中美国本土考生平均考分20.8分，2014年美国本土高中生ACT平均分数是20.9分，2005年美国高中毕业生获得ACT满分（36分）的比例约为1：6 000。

ACT与SAT有何区别？与SAT不同，ACT考试更像学科考试，它更强调考查考生对课程知识的掌握，同时也考虑到了对考生独立思考和判断能力的测试。从难度上看ACT考试比SAT更容易一些，尤其对中国的考生来说，选择ACT考试可能更容易在短期内获得相对满意的成绩。因为SAT考试的范围更大，包括SAT Ⅰ和SAT Ⅱ，SAT Ⅰ所考内容包括阅读、数学、写作三大部分，而SAT Ⅱ是测试考生的全面思辨能力，是名副其实的拔尖考试。

在美国，ACT和SAT成绩都是大学录取新生的重要依据。如果高中生要申请美国前50位的顶尖大学，90%以上的美国顶尖名校会要求参考学生的SAT或ACT成绩，而且成绩的高低决定学生是否能得到奖学金。在过去，由于SAT设立时间早，在美国被较多的大学认可，而ACT主要在美国中西部的大学中流行。但是近年来，高速发展的ACT考试已经在美国著名高校中获得承认，其中也包括哈佛、耶鲁大学这样的顶级名校。

ACT考试每年举行5次，具体时间分别是2月中旬、4月中旬、6月上旬、10月下旬和12月上旬。学生可以参加多次ACT考试，并且可以选择任何一次分数提供给大学作为入学申请的成绩，而参加SAT考试的学生要把所有SAT考试的分数提供给所申请的大学。

SAT和ACT考试有实质上的不同。SAT考试是一种智能测试，是为测试学生的推理演绎能力而设计的，而ACT考试更加侧重于课程测试，对学生所学的英语、数学、阅读和科学知识进行测试。SAT考试中考生会因不准确的猜想而丢分，而ACT考试则不会。新的SAT考试中作文是必考的，而新的ACT考试中作文为选考项目。

三、什么是AP课程?

（一）什么是AP课程?

AP是Advanced Placement的缩写，中文一般翻译为美国大学先修课程，是由美国大学委员会（The college Board）提供的在高中授课的大学课程，AP课程的考试是学科考试，其难度超过SAT。

AP课程1955年开始设立，一开始便成为美国精英教育的课程。学生是否能在中学修AP课程、修多少门，实质上成了美国一流大学判断学生是否优秀的标准，中学生所学的AP课程在进入大学后可转换为学分。AP在判断学生是否更为优秀的准确度方面远超过SAT或ACT。将AP作为录取重要依据的大学包括哈佛、耶鲁、剑桥、牛津大学在内的全球57个国家的近5 000所大学。

美国大学委员会曾进行抽样分析，1 150名向耶鲁大学申请入学的学生共提交了5 691门AP成绩，平均每人4.95门；其他美国顶级名校的申请者，提交的平均AP成绩也都在每人4.297门到每人4.738门之间。因此，在美国AP课程成了学生欲进入一流大学的必要课程。

AP课程往往是进入大学的敲门砖

（二）AP课程有哪些优势？

AP课程完全符合美国一流名校的招生理念和选材思维模式，其表现在于：

一、增加GPA（平均成绩点数）成绩：平均每门AP课程成绩可增加GPA分值0.1分，而GPA恰恰是美国一流大学录取学生时的第一考虑要素。GPA是整个高中段学生综合学习能力的体现。

二、是学生学习能力和未来发展潜力的最好证明：选择参加AP课程学习的学生首先要通过荣誉课程，而欲进入荣誉课程的学生则必须先通过普通课程。因此能参加AP课程学习的学生本身已经是很优秀的学生，具有很强的学习能力。由于学生在37门具有大学难度的AP课程中进行选择时，必须考虑未来大学的专业方向，因此使得一流大学从学生所选择的AP课程中能充分判断学生是否具有了未来专业发展的充分准备和成功把握。

三、能够使美国一流名校确信学生敢于挑战难度：由于AP课程是美国大学一年级的课程内容，较之中学课程，难度增加很大。因此，一流大学能够轻易地从学生在中学期间是否选修AP课程、选修多少门当中，判断学生挑战困难的信心和能力。

四、可转换大学学分：美国和加拿大90%以上的学院和全部的大学接受AP课程并授予大学学分。如果在中学完成一定数目的AP课程学分，意味着大学可以提前毕业。在美国获取一个名校的大学学分约需要1 000美元，而一门AP课程约可抵三到六个大学学分。因此，你在高中学的任何一门AP课程都有可能到美国大学后被转成三到六个学分，即可节约3 000到6 000美元。

第五章 硬实力的装备：强化英语，用英语思考

美国人把汉语普通话叫Mandarian，台湾地区把Mandarin翻译成国语。如果你在中国不会讲普通话，你就很难融入中国主流。如果你从事国际事务不会讲英语，你就很难融入世界的主流。在当代文化、科技、网络一体化飞速发展的今天，所有的创新和发明都同英语有着千丝万缕的联系。当代年轻人如果不能掌握英语，就如同与我们这个时代脱节开来。因此，学好英语就掌握了人生中一件非常得心应手的工具。

一、阅读训练：抓住关键，跳跃阅读

俗话说："读书破万卷，下笔如有神。""读万卷书，行万里路。"这些都强调读书的重要性。在当前信息爆炸的网络时代，如何读书，读什么书是每一个要成长发展的孩子需重视的课题。

（一）家长不能规定孩子的阅读范围

现代人看书的速度非常快。培养学生的快速阅读能力，才能够适应当今的网络时代。培养阅读能力，首先要培养良好的阅读习惯。很多人从小学就开始阅读，形成终生的阅读习惯。在中国有些家长以自己的喜好规定孩子的阅读范围，比如四大名著，比如鲁迅的作品，比如一些好人好事的宣传类作品。孩子对于社会、历史、人文的理解非常有限，他们可能无法理解《红楼梦》中的悲剧爱情、《水浒传》里梁山好汉的豪情义气、《三国演义》中的军事谋略，更何

深度阅读是现代人最为缺乏的训练

谈被吸引。鲁迅著作中的国民批判性，就是更深的一个层次了。而那些宣传类的图书导向性太明显，容易限制孩子的想象力。如果孩子在看这些书的时候，思想不能进入，就无法理解更深刻的内涵，吸取丰富的养分。所以，家长不能用自己的眼光为孩子们设定阅读的“道德”和兴趣范畴。

现代人的阅读已经跳跃出经典文学作品的范畴，阅读的面非常广泛。美国教师协会推荐给中小学生的100本读书目录里，有科幻、艺术、游戏、交友、神话、探险、科学、动物、自然、手工、烹饪、旅游、太空等方方面面的内容。孩子们在阅读这些书本的时候触类旁通，就会增长知识，激发联想。应当让孩子对不同种类、不同风格、不同作者的作品都有所涉猎，丰富知识面。

想让孩子英语能力迈上新台阶，除了博览群书，还要学会跳跃阅读。所谓跳跃阅读，就是用速读的方式发现最主要的关键字，让关键字带你领会这些文章的内容。阅读之前需具备的能力是单词和语法能力。对于目前的网络阅读，学生们主要的方式还是寻找最重要的关键字。一本书读十遍不如找十本书读一遍，通过大量的读书找出同类型书的不同的观点，找出他们不同的表达方式，这样可以让学生们找到读书的重点，获取更多的资讯。

（二）国际学生在阅读上面临的问题

华裔孩子在阅读上遇到的问题大概有三种：

一是学生缺乏语言环境。他们在上课时能够接触到的美国文学有限，读书的时间也非常有限。很多移民家庭在家里讲中文，孩子很少有真正接触美语文化、西方文化的机会，因此给每一个孩子创造这样的机会非常珍贵。

二是学生阅读量很少。他们只是阅读老师指定的阅读材料，课外书籍读得较少。很多学生不知道自己在课外应当读什么书，怎样读书。有些人对读书还没有形成兴趣和习惯。尤其在网络时代，学生们沉湎于电子游戏和网络影像，对于阅读不感兴趣。他们越不读书，就越不爱书，越不爱书，就越不读书，这样的恶性循环必然造成学生们读书的匮乏。

三是学生阅读的速度非常慢。这是一个方法问题。读书不在于你读了多少书，而在于你从书中领会了多少内容。以前我们的祖辈教导学生对于经典要反复咀嚼，吃透每一个字的意思。现在是信息爆炸的时代，学生们面临太多选择，读书的方法不能延续过去的细嚼慢咽，而是要抓住重点掌握跳跃性读书的技巧。所谓跳跃性读书，就是要抓住书中关键的字词，关键的章节，关键的思想。

四是学生掌握的单词量有限。很多已经到美国的国际学生虽然通过了托福考试，但是他们实际上掌握的英语单词很有限。美国进入大学的SAT英语考试要求的单词量在两万个以上，但是国际学生的英语单词量在3000至5000个之间。如果要达到两万个单词的水平，按照美国学校的进度需要大约7年的时间，而到美国学习的高中生、大学生，他们的有效时间只有2至4年。在这样紧张的情况下如何把握时间扩大单词量，加强英语阅读是一个非常不容易的事情。学生们需要利用全部的假期时间来完成这件事。

有的留学生到了美国以后在非母语英语课程（ESL）班里学习，他们可能会对家长说，老师给的作业不是很难，每天要背的单词不到十个。听到这样的话，家长很可能认为学生的学习已经很好了，但这是错误的判断。因为在美国的高中和大学，尤其是在美国的高中老师给学生的作业并不是最高要求，而是根据学生的水平来布置。如果你不努力，老师不会要求你太多。在这样的情况下，如果学生没有一个对自己的正确判断就会耽误学习时机，而无法达到名校的招生要求。

很多中国家长把孩子交给祖父母代管，事实证明老人带出的孩子在阅读方面能力相对比较落后。如果孩子父母本身英文没有问题，孩子在有中文、英文媒介的环境中接触到英文杂志、报纸、网络上文章的机会更多，就比家里只用中文来阅读和沟通的环境好。身教胜于言传，如果大人不看书却让孩子看，这种教育根本没有说服力。建议家里人一起在晚饭过后有一个全家阅读时间，就是大家一起把电视、电脑、音乐关掉，安静地看书大约三十到四五十分钟，养成一个集体阅读的习惯。

（三）深度阅读能力的培养

现代社会信息爆炸、网络的飞速发展，对阅读的数量、深度、速度都会有影响。好的阅读是深度阅读，是读者和作者互动的一个过程。读者可以推敲回溯作者的心态心智，这也是考查阅读者很重要的环节。一般没有经过训练和培养的阅读者看书的时候无法设身处地地进入书中环境，文章看完了没有感触，更没有办法表达自己的想法。这种阅读其实是浪费时间。

培养深度阅读能力选读作品很重要，选择作品的目的要明确。美国英语教师协会推荐的适合各年级阅读的书目应当是学生们首先要阅读的；或者从报纸上看畅销书排行榜，从排行榜中选择书去阅读；或者选择经典文学名著去阅读。阅读速度的培养涉及一些技巧：每行阅读时要看关键字，可以触类旁通，阅读者相关基础知识足够的话主题会变得十分明显，看到前面就大概知道后面要写什么了。阅读的最高阶段就是能够融会贯通，把作者的思想归纳出来并加以理解与学习，从而写出阅读者自己文采斐然的文章来。也可以设想自己是作者，写作时该怎样布局、下笔、着墨，如何做到胸有成竹。这种假设的思考过程就是一个非常好的训练过程。

二、写作训练：下笔如神，亮出文采

如果说阅读是一种静的状态，写作则是经过自己对内容的分析整合之后归纳和总结的动的过程。要注意，英文和中文的写作在方法上有所不同。

美国大学的入学申请会考查六个因素，按其重要程度分为：GPA分数，标准化考试（SAT或ACT）成绩，课外活动表现，大学撰文，推荐信和面试。大学撰文是仅次于学习成绩和课外表现的一项考查指标。想要进入美国名校的学生这六个方面都不能示弱。能够有资格申请美国常春藤名校的学生，在功课成绩方面基本上都是完美的，如果在其他指标都基本一致的情况下，大学撰文就成为选择学生的关键。所以很多高中学校和补习学校对于学生作文的重视，每年都提到新的高度。

写作是训练思维的最佳方式

（一）英文写作要学会破题

英文的写作方式如同写论文，文章开始就要破题。要告诉读者你的主题是什么，重点是什么。如果你是一个移民学生，你一定要熟悉英文的写作模式，如果你在语法等方面没有任何问题，还要注意写作时结构要缜密，模式要正确。模式不对，英文老师在审阅作文的时候就会对你的文章就感到困扰。一般情况下英文的段落不像中文那么长，每一个段落有一个主体就够了。有时候，一个段落就是一个长句子。第一个段落破题，第二和第三个段落论证，第四个段落下结论，这样的英语文章结构在英语报刊的社论和评论中是最常见的。

初、高中生要经常看报纸和杂志。在看到好的专栏作家的社论时要学习他清晰的观点，鲜明的论断，明确的结论。这对写作的帮助是非常大的。学生平时阅读的时候不能只看小说、娱乐杂志等文艺读物，而要看些有观点、有论断的文章，了解作者的思想，分析他们的论断，提出自己的观点，这可以帮助你形成文章的总体架构。

（二）写出真实独特的故事

大学撰文是考生展示特别的自己的一个好机会。要展示一个什么样的自己，怎样展示自己，你要有自己的风格和方法。美国大学委员会没有见过你不知道你是什么样的人，从你的学业成绩中看不到你的人格特质。但他们希望了解申请人的各个方面，他们想看到学生成绩背后的个性，想听到课外活动背后的声音。所以学生们能做的就是在大学撰文中写出真实的独特的自我，而不是他们认为的美国大学委员会可能喜欢的任何一种假想的面貌。优秀的作文有很多的项目来评价，包括思路、主题、逻辑、语法等。

在内容上美国大学委员会对两种文章不感兴趣。第一种是盲目自夸，想要通过表现自己取得的成绩和奖励，给读者留下深刻印象的文章；另一种是用悲情的写作手法，希望博得大学委员会同情的文章。如果你要表现你的成绩和奖励，成绩单和奖状上已经看到了不用你再说明。如果你用悲情的手法撰写一个移民的故事，这种故事太多，他们也不会被打动。你的文章中要写出你自己的故事，这些故事应当让人振奋，让人思考，展示出人文关怀的内容。

有一个名叫Trinh Truong的越南女孩子2015年被耶鲁、普林斯顿、布朗、达特茅斯、哥伦比亚等大学录取。她之所以被录取，很大一部分的原因是她给人展示了与常人不同的自传。从自传中美国大学委员会看到，这个孩子三岁作为难民来到美国，13岁的时候她参加了占领尤蒂卡（Utica，美国纽约州中部城市）的群众运动，抗议纽约州政府减少给予公立学校的预算。从那以后，她一直没有放弃呼吁行动，他们今年组织的集会有1 500多人参加。后来，美国公民自由联盟的纽约分会聘请她为这个联盟的董事。

从这样的自传中你看到这个孩子的与众不同了吗？这样的孩子名牌大学当然喜欢了。

（三）利用但不依赖网络信息

电脑搜寻信息实际上是对学生们取舍资讯的一种锻炼。目前资讯太多，精简选择是一个重要的概念。很多形容词具有不同的感情色彩：比如好看这个词有pretty、beautiful、good looking、cute，用在不同的地方表达的情感程度就不一样。这些词是有个性的，学生要分辨出它精确的用意和表达的情感。再比如压力这个词有pressure、overwhelming force、stress、anxiety、tension，这些词哪个是正面的，哪个是负面的，哪个让你有力量，哪个让你灰心要好好地分辨，然后通过写作来表达细腻的情感诉求。

写作如同盖房子，你用的结构、建材、色彩等都要用语言表达出来。并要用最适合的字词和方式表达出你独特的设计、色彩和空间，你盖出来的房子才能有独特的风格。你要有用准确语言表达思想的能力，写作实际上也是对表达能力和思维能力的最佳训练。一篇小小的作文反映的是你的沟通、表达、思维等综合能力，这种能力的培养对于人的一生都是非常有益的。

三、演讲训练：论点精要，论据有力

阅读和写作是对一个学生的基本能力的培养，表达则是将这些能力综合后用语言表述出来。表达能力对于学生来说，在大学面谈、找工作、谈恋爱的时候都有举足轻重的作用。如果你的思维、情绪、动作、眼神、声音都没有经过基本训练，面对表达的对象不能自信地展现自我，就很难在对方的心目中产生良好的印象。即便你的学习成绩很好，别人也不能通过你的表达了解你更多，有人会认为你只是一个缺乏社交能力的书呆子。高中生如果没有对社交能力进行训练，即便经过了四年的学习别人也会认为你在社交上存在心理障碍。

演讲训练是一个将逻辑、思辨用语言阐述并加以包装的过程，要配合以缜密的思考、准确的表述、到位的表现。这几个方面表现在大学招生委员会面前的最终结果就是打动、感染对方。要实现这样的目标，在生活中处处都要训练自己。比如你要说服你的室友参加一个公益活动，就要考虑这个活动的亮点在哪里（这就是论点），他为什么必须要参加（这就是论据），参加了以后有什么样的结果（这就是打动人的结论）。因此生活中处处有演讲训练，关键看你是否是有心人。

演讲是训练逻辑、思辨的最佳方法

（一）从生活中总结训练自己

生活中的沟通表达技巧也是一种表演能力。很多孩子有恐惧心理，不敢在大庭广众面前表现。亚裔学生好面子的观念非常强，从家庭、学校到同学之间怕丢面子不敢表现，这种心态完全不可取。

在美国，一些企业主管、广告经理人、销售代表等都经过了非常系统的沟通表达能力训练。因为要推销产品，要展示亲和力与魅力就必须要训练自己的沟通表达能力。很多牧师为了让自己的讲道有煽动性，他们在表达自己的同时特别会积极地利用环境，让所有的人在环境氛围中受到一种特别的感染。这种调动环境、调动资源、调动所有潜在因素的能力，是那些沟通能力比较弱的学生们应当学习的。所以建议从亚洲尤其是从中国来的学生们到美国以后，应当去听一些著名牧师的讲道，从中肯定会学习、领悟到很多的方法。

（二）在课外活动中培养演讲能力

美国学生一般在12岁就开始参加演讲和辩论课程。这些课程最初的开设，就是为提高学生的英语表达能力。要提高语言表达能力还需要参加学校的活动，像参加学校校刊的编辑，同编辑们一起讨论期刊的主题、排版、照片的风格等。这样的经验可以让学生们获得与人沟通的技巧。另外，在班上发表演讲，在社区里做服务工作也是锻炼的极好机会。在社区里做服务可以给孩子们更多的自信，社区服务是一个看不见影子的提升学生沟通能力的好助手。学生最好在12岁就开始做提前进行能力训练的工作，以后面对与人沟通方面的挑战时就可以应对自如。

第六章　软实力的积蓄：积极、正面对待压力与挑战

我们在媒体上经常看到每年中国高考或中考结束后，常有学生自杀的新闻传出，究其原因大都是因为压力大、成绩不理想。这种悲剧告诉我们对孩子的挫折教育、抗压能力的培养太重要了，成绩可以时好时坏，可是性格上的稳定对孩子来讲却有长远的影响。

一、抗压能力的培养

在美国申请大学看的不仅是学习成绩，还要看你的“3Q”（智商IQ，情商EQ，逆商AQ）。曾经有一个华人子弟SAT考试成绩达到了满分2 400，但他报考的所有常春藤名校都没有录取他，孩子悲愤交加，用自杀来表示自己的抗议。在我们的生活中，考试成绩代表智商指数（IQ）、与人交往和沟通能力为情商指数（EQ）、逆境生存和承载压力的能力就是逆商指数（AQ）。

抗压能力是后天训练出来的

心理学家和教育学者对挫折教育的研究资料显示，成功人士在IQ、EQ、AQ这三个方面都具备相当好的基础。现在，美国大学招生委员会也越来越多地考虑这方面的因素。从上面这个事例中可以看出自杀的学生逆商指数是非常低的，说明他身上没有体现出“3Q”综合素质的指标要求。

天生乐观的人会产生正能量，遇到困难会采取积极的态度。逆商指数与人的学历高低、成绩好坏和能力强弱没有直接的关系，与人的成长经历却有着直接的联系。美国的政界人士高学历的并不是很多，但他们在政坛上经挫折，经历练，练就了超高的情商和逆商，使他们有一个共同点：环境越恶劣，他们展露的信心越坚定。他们果敢、决绝的个性让人民感到欣慰、有依靠。罗斯福、丘吉尔、林肯这些历史人物都是在国家最困难，几乎看不到曙光的时候扭转乾坤。他们的逆商是常人所无法比的。

现在人们已经意识到抗压能力是自我发展、走向成功所必需的一种能力。但由于生活环境的优越，很多的孩子没有机会去经历艰苦和挑战，“草莓族”“啃老族”现象被视为理所当然。有些孩子以参加电视节目中的真人秀、现场辩论赛、才艺展示秀等为锻炼机会，虽然也能产生一定的效果，但是仅靠这些是完全不够的。

想登峰造极，就不能半途而废。每一个人心目中都有一个山峰，要爬上那座山峰就要具备“3Q”。美国名牌大学的压力是难以想象的。一位在哥伦比亚大学读书的学生讲述他在学校学习期间的压力：每天早晨7点起床，凌晨1点上床睡觉，周末都没有时间休息。每个学期阅读的书在30本以上，每一次要阅读的书都在百页以上。一些来自中国的富二代孩子读了多年私立高中，突然转到公立大学后发觉第一学期非常难熬。因为他们已经习惯了被家人捧在掌心念书，习惯了生活有人料理，习惯了一对一的辅导课程，每件事都是别人帮助做了三分之二，剩下三分之一才需要自己做。路都铺好了，地基也打好了，只是给你材料和工具让你往上盖屋顶。这样成长的孩子对挫折容忍力就相对较低。

进入美国十大名校的学生从人格特质上来看大都具备自信心，有忍耐力，遇到问题会迎刃而解。这些学生的共同点是面对困难时他们喜欢从正面思考，而不是回避。这说明他们具有自信、乐观以及比较高的逆商。

信心是在与人交往中建立起来的，挫折忍耐力要在逆境中培养。比如公开演讲，第一个面对的就是大众。大家和你观点不同你会被别人炮轰和批评，你要辩论，讲出你的观点说服他人，这不是一个简单的事情。如果你有充分的准备，用充足的论据以理服人，你的信息量会扩大，沟通技巧会提高，你能迅速找到切入点把你的观点表达出来，你就会越挫越勇。当你的信心全面建立以后再面对困难时你就不会害怕，不会烦恼，就有能力不断化解矛盾。

不成功的人通常是因为他看不到目标，看不到目标就等于没有希望，没有希望就没有动力，没有动力就不能专心地把一件事情做好。设定目标不一定要一步到位，可以把一个大目标切成若干个小的目标，把一个三年的计划分成三个一年计划，把一年的计划分成四个季度的计划，一步一步来完成你就会发觉做事情都不难。在学习上确定什么时候把语法学好，什么时候把阅读学好，什么时候把数学的基础应用题学好，每件事情就给自己六个星期到十二个星期的时间来完成。这样既疏解了压力，也达成了目标。

家长要了解孩子的心态以及孩子的价值观。跟学校之间的联系和沟通是绝对有必要的，要知道孩子有选择权的时候他会选择什么。有些孩子为什么不太成功？因为当他使用他的选择权时他选择了那些最容易达到的没有压力的目标，或者是享受型的目标，比如去看电影、玩游戏、打球、聊天、睡觉。很多孩子没有克制力，明明知道有事情要做还是找借口推到下周，结果到了下个星期旧的事情没做完新的事情又来了。这都是不能承受压力的表现。

从某种意义上来讲，AQ比IQ、EQ对孩子更有决定性影响。因为AQ会决定孩子的一生会不会快乐，甚至是他身边的人会不会快乐，以及他将来能不能成功。成绩会根据孩子读书时的态度时好时坏，起伏不定，但性格的稳定对孩子来讲却有深远的影响。这种能力要从孩子小的时候开始培养。未来社会美国及世界需要的是复合型人才，这正要求学生们加倍注重自身综合能力的提高，锻炼出坚强的内心世界以迎接未来的挑战。

二、人格特质的培养

我们常常说，21世纪孩子必须具备的能力：第一是批判性思考能力；第二是语言表达能力，包括写作和沟通能力；第三是团队合作能力。

任何一个高分的成绩都无法比优秀的个性更吸引人。贾奎琳·普瑞斯（Jaclyn Price）2015年被耶鲁大学、达特茅斯大学、杜克大学和康奈尔大学录取。为什么名牌大学都要录取她呢？让我们来看看她的背景资料。

出生在佛罗里达的高中生贾奎琳是他们家学历最高的一位。

贾奎琳热爱游泳，是一个自由泳选手。她曾经带领学校游泳队连续四年参加州游泳比赛，2015年获得州游泳比赛的冠军。长期以来她都在基督教青年会游泳中心做一个义务救生员，同时她还主动帮助那些对大学奖学金不了解的同学研究如何申请大学奖学金。

可以看出，这个贾奎琳是一个热爱体育、愿意帮助他人、开朗的女孩子。她在体育方面的特长以及她的乐于助人，考试的成绩又是GPA 3.98分、ACT 34分、SAT 2 140分。这样的孩子名牌大学有什么样的理由拒绝她呢？

安娜·卡布拉尔安德拉德2015年被哈佛、威廉姆斯、波莫纳、塔夫茨大学录取。这是一个来自于巴西的移民第二代孩子，她对医药方面有浓厚的兴趣。为这个兴趣她从高中三年级开始就在波士顿儿童医院做义工，为那些不会英语的病人做翻译。她不只是班里的副班长，还是一个优秀的足球队队长。她参加了教会唱诗班，还参加了学校的剧社，并在戏剧比赛中获得了优秀演员奖。这样多才多艺的孩子，也是名牌大学所求之不得的。

有个姓刁的同学被斯坦福大学录取，很重要的一点是他具备了一定的国际观。当一个人的思考、眼界脱离了他自己所居住的地区以及国家，而放眼全世界，关心的问题包括地球上的生态、国际事务、经济、社会、粮食、气候等，这就意味着他有很大的气度和胸怀。他用实践来验证书本上所学，世界各地都是他的课堂。大学当然会录取这样的学生，这样的学生将来毕业后可能会做大公司的CEO，也可能会成为政治明星。

很多学生考试成绩都是满分或接近满分，假期从来都不浪费，会去学习公共演讲，针对某一项科学或社会现象做研究。你想要参加一个活动，可能要用六个星期的时间花几千美元。参加这样的活动，你需要说服家长，就要把活动的本质、意义和日后的影响等研究得很透彻。

有自觉性的孩子不喜欢被别人牵着鼻子走。相比较之下，当大家一样的分数，一样的优秀，差距不大的时候学校就会选择这种人格特质非常吸引人的学生。其实对于社会实践很多学生也会去咨询一些升学顾问，顾问可能会建议学生花好几千美元去中国的云南或者西藏参加一个他们设计出来的夏令营。不用动脑子只是参加一个安排好的旅行，也不用自主规划什么，这对于很优秀的、有自觉性的孩子来说只是被别人牵着鼻子走，意义不大。

还有一个例子。我们的一个学生被一个著名医学院录取了，这所学校全美只收十二个学生学习医学院的课程。很多人都觉得上医学院就必须参加过科学、生物、化学的研究、实习或者是社团。但是这个学生在申请医学院的时候并没有上述经历，他只是在慈善机构做了四年义工——照顾老人。

医学院在录取他时给了他一个很高的评价，就是这个人当了医生会有医德，会关心病人。录取委员会一致决定录取他。大学录取委员会成员也是有感情、有其思维方式的，他们不会勉强学生要求必须是超人才能够进入到顶级大学，具有关怀他人胸怀的学生也是他们所需要的。

哈佛大学实际上强调两个录取条件：第一，学生要有求知欲，有对知识的热爱；第二，学生要有好心肠。有些家长花了很多钱给孩子补习搞升学包装，最后还是一场空。为什么？因为孩子缺乏大学真正要的那些素质。

孩子是家长的镜子，家长的言行直接影响到孩子。传统的父母常常给孩子贴标签，眼里只有孩子的身高、外形、成绩。这给孩子很大的压力。孩子会照顾小动物、帮忙做家务、懂礼貌、关心他人、风趣、懂音乐、会跳舞等特质却被家长忽略了，这种观念在美国是不相同的。美国很重视学生美学、体育、音乐方面的熏陶和培养，课外活动校内、校外一样重要。你的成绩拿不到A或B，你依然是一个优秀的学生，考不好只能说明你的记忆力或考试能力不是最顶尖的。

好成绩不能代表一切，但差成绩却是一个大问题。你人格特质再优秀，大学是有门槛的，录取标准是成绩上下浮动10%。如果成绩不行，其他方面怎样帮你补上呢？这又回到了教育要从小时候开始的问题。

作为家长，你的语言情绪影响你孩子的情绪和自信的时候，他周围生活的气场就变小了，对他的学习、人际关系、人格发展都会造成阻力。如果家长不太懂得用正面的语言与孩子沟通，你可以看一下《语言的力量》这本书。语言发散出来的频率对孩子尤其是未成年孩子的影响是相当大的。这种语言情绪和频率穿透到孩子心里的时候，如果是积极、正面的鼓励，孩子会说："我做得到！"若是消极、悲观的批评，孩子会说："我做不到！"

有些性格比较脆弱、忧郁或有自闭症的孩子，他们的情绪控制不好可能是他所在的语言环境中，对他的负面评价比较多。孩子在这样的环境中成长，他对自己没有期许，认为自己比不上别人，遇到事情第一想法就是我不行，我不敢，我不可以。比如今天数学课考试，他心里想"我一定考不好"，最后果然没考好。你心里头如果起了一个念头是消极的，那事情就会向消极的方向发展，这就叫"如你所愿"。所以家长面对孩子的时候想法要正面，语言也要正面。学习环境设计需要家长、学校、社会为孩子创造健康的环境，使孩子在读书上能够专心、正面思考。

美国大学青睐全面发展的学生。所谓的全面发展，当然要具备除课业之外的兴趣爱好。中国学生来美国念书的时候在各个领域都要多掌握一些知识，也许你认为不重要的东西在美国人眼里却是另一种观点。如果你喜欢新闻，你对美国社会现象、各个领域发生的新闻能讲出自己的见解和观点，或是对自己国家事务方面能提出独到的见解，美国老师是会感兴趣的。

如果孩子很喜欢电脑，家长可以根据孩子的兴趣有目的地让孩子做一个和电脑有关的项目。教孩子使用一些电脑软件，像照片处理、电子排版等。这个项目还可以结合孩子在开学后要学习的新知识：如对历史上某个总统做一个研究。在网络上查询相关的资讯并对资讯做一些整理和挑选，这样就已经对即将要学到的知识预先有了一个基本的了解，孩子的兴趣也得到了很好的发展。

暑假时学校开设有关科学的课程，很多孩子只能在课堂上听老师讲生物、物理、化学方面的知识。而有些家长会带孩子走进大自然学习。有一个学生曾经在植物课上学习过郁金香的知识，他对此很感兴趣，但从没有见过成片的郁金香是什么样的。他父母就带他出国去看郁金香，结果这个孩子念到高中时生物学得非常好，大学申请了跟植物相关的科学专业。

在孩子人格发展形成的阶段，教育孩子要注意将有压力甚至是被强制的学习逐步转换成对知识的兴趣，引发由兴趣变成热爱，再由热爱转换为责任的驱使，从而形成自然的习惯。你教导孩子要有一个明确的目的，有目的就可以规范他在兴趣方面的管理。

中国的书法、民乐和中医学都是非常独特的文化，作为一个中国的留学生，如果了解并且有这方面的特长，对于你进入理想大学肯定有加分的作用。很多家长为了培养孩子的兴趣爱好，使孩子将来能够进入理想大学让孩子学钢琴、小提琴、游泳、跳水等。但是培养孩子要注意因材施教，就是所有的课外活动都应当以学生的兴趣爱好为主，家长应当观察孩子喜欢、适合做什么。

作为一名学生要对自己的学习与生活有规划，要常常问自己，我做一件事最适合的时机是什么时候，谁是对我影响最大的人？我的老师、父母及长辈们给了我什么样的建议？当他们给我的资讯就像水一样倒下来，使用什么样的东西去接，是拿一个杯子还是一个盆或是一个有漏洞的网呢？

第七章　如何申请心仪的大学

一、申请美国大学的先决条件

在美国申请大学的程序比较复杂，如何申请是要有一点策略的。很多人认为美国没有升学压力，这要看你从哪个角度去理解。美国有7千多所大学，有些大学的入学标准可以说是来者不拒，但名气好、排名高的大学入学标准就有很大的不同。

美国的申请大学过程其实让学生们有很大的压力。好学校要求学生各方面都要很优秀，并不是只把书读好就行。美国没有一考定终生的方式，单靠考试对某些学生而言其实是比较简单的，但是综合素质的考查对于考生来说就比较有难度了。而美国的大学正是出于这样的考虑。有人总结说，申请大学三件宝：课业成绩要顶好，社会活动少不了，才艺特长更需要。三者都强，进入名牌大学才有希望。

如果细分，申请美国的大学在考查内容上大致分为五个部分：

一、高中的平均成绩GPA及所选课程的难易程度。

二、标准化测试成绩（SAT、ACT成绩，这部分占一半以上的考量）。

三、学生的课外活动及个人才艺。

四、学生递交的申请材料及个人自传。

五、面试以及老师的推荐信。

从这五个部分来看，高中学生从进入9年级前的暑假就要开始准备。8年级结束后学生做的每一件事都可以列入大学申请的材料中，最后申请材料是在学生12年级第一学期开始不久后递交给大学做审核，每一所大学的申请截止日期都不同。

关于ACT和SAT，美国著名的网站“College Board”详细列出了美国前120所大学的ACT和SAT录取的要求。

（一）准备SAT等考试

几乎所有人都知道报考美国大学要看SAT成绩、ACT成绩和AP成绩，以及在学校的GPA成绩；还要看学生自传，外国学生还要看托福成绩。这些都是硬指标。此外，还要看其他的软指标。如果你的成绩加起来排名在全年级前三分之一的话，进入大学应当没有问题。现在对于美国本土的孩子们来说，最重要的还是SAT的成绩。

如果你的SAT成绩进步跳跃太大，反而会让招生委员会产生质疑。10年级开始要参加SAT考试，不要看重成绩，而是通过考试看到自己的差距，看到自己错在那里，这样你就可以从考试分析中发现学习弱点。每个高中生可以考六次SAT。

ACT一个高中生也可以考6次，但ACT在美国不是很流行。目前ACT的考试满分是36分，共考四个项目，如果成绩在30分应当就算是一个比较好的分数。目前大学非常重视学生的写作能力，ACT作文分科考试同SAT Ⅰ有些相似，SAT Ⅱ在2010年变成了可选择项目。AP的考试每年都有一次，在5月份进行，3分是及格5分是满分。如果你预测到自己的成绩不好就不要去考试，否则对于申请大学不但没有帮助，还有反作用力。

（二）准备自传

学生在准备自传的时候，首先要明确自己对生活中事务的看法、观点和对自身的了解。要了解别人对你的看法，这样才能够更全面地了解自己。大学招生不是仅仅看分数，还要看你的社会活动能力。像扶助弱势群体、组织社团活动、帮助年龄小或学习差的学生补课，都可以让学生学到帮助他人为社会作贡献的意义。这些是学校所重视的，恰恰是很多家长和学生所忽视的。通过这些活动给你积累的人生的经验和知识，就应当是你自传的内容。

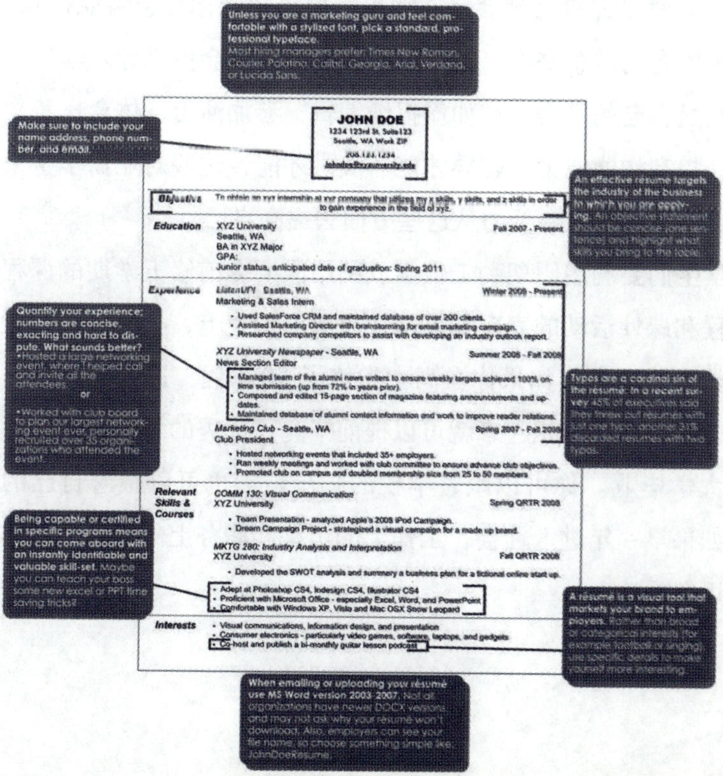

自传是一个体现专业和个性的工作

（三）准备履历

准备履历的目的就是为了说服大学。说服大学的硬件第一是成绩，第二就是推荐自己。

加利福尼亚大学洛杉矶分校简称为UCLA，每年的申请人数超过5万，申请者GPA平均分数都在4.14以上，如果你学业成绩非常突出，你可能有条件进入UCLA。大学最看重的是10年级和11年级的GPA成绩，此外还要看领袖才能、社交才能、人格特质。如果你被拒绝了，你要研究自己到底输在哪里，想得越细你就会考虑得越全面。要跳出固有的观念来看自己，下一次的准备就会更充分。学生要架构一个凸显自己的平台。比如作报纸编辑，参加演出、体育比赛、社区服务，提高沟通能力、领导才能、演讲才能，这些对亚裔学生来说比较难，但是再难也要努力从这些方面去提高自己。

学生们要利用假期勤工俭学或利用假期提前修下学期的课程。这些课程和课外活动的表现如果写在履历申请表上，会特别引起大学招生委员会的注意。如果你在高中先修了AP课程，进大学就可以节省修课，这些课程累积起来就可以提前毕业。优秀的学生花两年时间就可以大学毕业。你可以跟着学校的脚步走，也可以跟着自己的脚步走，如果早一年进入社会，工作上的历练和职务上的升迁能使你更近一步迈向成功。

E – Application for IDCE Masters Program

This is an electronic application. It is intended to be emailed back to the IDCE Admissions Office (mailto:idce_application@clarku.edu). If you wish to mail in your application please do not use this application. Instead, print and fill out the Printable application located on our website. Instructions regarding how to send in that application, including the mailing address, can be found on line at (www.clarku.edu/departments/idce/adminformation.cfm)

Application Deadline:
All application materials are due by **January 15** for admission the following Fall semester.

Instructions to complete the entire application:

- Fill out the various fields by double clicking the gray form fields.
- Save the file as app_lastname_firstname.doc (i.e. app_Doe_John.doc).
- Input and save your personal essay as app_essay_lastname_firstname.doc (i.e. app_essay_Doe_John.doc).
- Attach both this application and your essay and email to idce_application@clarku.edu.
- Print out the Supplemental Forms:
    - Complete the top half of the Confidential Recommendation Form and then give to your recommender to be completed and mailed directly to IDCE.
    - Complete the Transcript Request form and give to your previous university's Registrars Office to be mailed directly from the university to IDCE.
- After emailing the application, follow up via phone or e-mail with the IDCE Graduate Admissions Office to confirm receipt of your application.

Application Requirements:

Application requirements include a bachelor's degree, transcript, application with three references, a statement of purpose in regard to your career objectives and a $50 application fee. Applicants from countries in which English is not the first language must submit original test scores from either 1) a TOEFL score of at least 575 (233 on the computer-based test) or 2) a 90 on the iBT (Internet Based TOEFL) or 3) a minimum score of 6.5 on the IELTS. Scores must be submitted with the application. All application materials must be submitted before January 15, for entrance the following fall. (Only complete files are forwarded to the Graduate School for admission.) Decision letters will be emailed and mailed by the third week in March.

Application Checklist:

- Completed Application and non-refundable $50 Application Fee
- Personal Statement (see requirements within the application)
- Official Transcript(s)
- **Three** Recommendation Forms. Recommendation forms are considered confidential. The blank Confidential Recommendation Form should be copied and sent to each of your (3) recommenders. Recommenders may email their supporting recommendation letters to: **(idce_application@clarku.edu)** and must follow-up that email by sending the signed originals (form and letters) to IDCE by regular mail.

Other Application Information:

It is the policy of Clark University that each qualified individual, regardless of race, color, sex, sexual orientation, religion, national origin, age or handicap, shall have equal opportunity in education, employment, or services of Clark University. The University encourages minorities, women, Vietnam veterans, handicapped persons, and persons over 40 to apply.

申请学位的履历范本

（四）准备课外活动

社区志愿服务、学校课外活动，要有好的规划。大学看的是学生对课外活动的规划，及孩子的热情和原动力。大学在看你的规划时，主要是看你选择的方向。如果你的志向是当医生，你就去医院做义工，要和你的专业和潜力联系起来。会考试的学生未必会解决问题，大学考查的是你在社会实践中解决问题的能力。

参加义诊、募款、预算、宣传、营销，这些活动结合起来会使高中生能力和大学生没有很大的区别，优秀的高中生具备的是大学二年级学生的能力。在假期打工有好的工作环境，好的雇主，好的团队来影响你，过完一个假期你等于长了两岁。工作、实习、社会服务把最好的部分呈现给大学，你的履历就同其他人不一样了。

二、推荐一个最有特色的自己

（一） 如何写一个令人难忘的自传

大学招生委员会非常重视从学生的自传中分析你对事物的独到见解，这是美国大学独特的地方。大学自传的核心内容就是要写出一个特别真实的自己和让人感动的自己。以下这些要素是不可缺少的：

第一，你从哪里来。你来自的家庭或者是社区环境怎样塑造了你的个性，对你有什么样的影响，怎样启发你的理想。任何人的成长都离不开家庭、社区、社会等方面的环境影响。

第二，你是什么样的人。你成功的地方在哪里，你欠缺的东西是什么，你对社会、对家庭有什么样的贡献？这其实就是要你勾画出一个完整的自己。从这两点看出的关联就是，第一部分要说明你的成长环境，第二个部分就要讲环境和你个人的互动，环境对你的影响。如果你在讲述过程中讲到了失败，那你就要讲失败给你带来了什么，你有没有在失败中汲取教训。你要写自己的故事，写不同于别人的地方。

因为大学申请者几万人，怎么才能让别人对你的自传有印象？不要认为自己没有做过什么大事，没什么可写，你要从小事件中发现大主题对你的影响，或者是从大事件中找到对你有影响的某一点以及特殊性。要强调你的独到之处，你的特质，你的色彩。有些人在自传里说自己是什么协会的会员、什么董事等列出一大堆头衔，这些没有生命力的东西是学校不愿意看到的。

第三，要知道有人比你更优秀。不要认为自己在高中时参加了一些社会活动，担任了一些领导职务，大学就会认为你优秀。不少学生在高中时是学校的乐队指挥，运动队和俱乐部主力等，他们在高中可能还是前10名优秀学生，认为报考大学理所当然会被录取。其实这是一种错误的观念。美国有近3万所高中，每所学校的第一、第二名加起来就是6万名学生。从每年大学的招生人数来看，哈佛招收大约1 600名学生，耶鲁1 600名，斯坦福1 600名，哥伦比亚1 200名，还有一些顶级的文理学院才招收400~500名学生。这些有限的名额就是那些高中的尖子生都无法满足，更何况其他学生？按照这个比例来算，多么优秀的学生才能进入名牌顶尖大学呢？

曾经有一个学生考上了宾夕法尼亚大学（University of Pennsylvania），他在学校里做了一个调查，问一些同学在自己的高中是第几名。结果他发现，有一半的同学都是全校的第一和第二名。这样的情况在名牌大学里太多了。所以，不要以为你在高中很突出大学就肯定会录取你。你要有真正让人看到的优秀中最坚实的部分，而不是那些名头。

有一位来自非洲黑人移民家庭的孩子，名字叫夸斯厄尼（Kwasi Enin）。他在2014年申请美国八所常春藤盟校时，被全部录取。这个孩子有什么样的过人之处，能被八所名校录取？让我们看看他的简历。音乐方面，他会小提琴、贝司，还是一个嗓音优美的歌手；体育方面，他是铅球投手，田径项目也不弱；学业方面，他SAT考试取得了2 250分。

夸斯厄尼的自传非常有他的个性和思想。在这个名为《音乐中的生命》的自传中，他写道：“一个错误的决定能够使一种生活方式开始或者终结。在7年级的时候，我差点放弃了音乐生涯。……每天我的生命都在被称为音乐的旅程中燃烧着，它激发我的聪明才智和热情，这个旅程多么美妙，让我的心脏每一天都在唱歌。音乐已经成为我点燃好奇心的火花，它直接开发我创造性地思考问题的能力，周围的一切由于音乐的存在都变得有无限可能。”一个高中生，他的热爱生活、积极向上、独特思维，从这篇文章中鲜活地表现了出来，大学招生委员会看了这样的文章，有什么理由不录取他呢？夸斯厄尼最后被耶鲁大学录取，专业是医学。

第四，要让大学招生委员会对你的自传产生认同感。这取决于你的特殊性、专属性，在不同环境中的自我认同。例如在巨大的变故中你的感受，能否抵挡住冲击等。申请大学和找工作很相像：你找到什么样的工作不但要看你的喜好，还要看你是否符合对方的标准，那个工作是不是你能适应的。每个学校在考查学生能力时，都会有一些特别的考查点。比如说让你找一个字来说明自己，用最合适和简单的字介绍自己，这方面如果回答得好，可以让对方对你的介绍有认同感。在你的自传文章中，种族、宗教、文化、性格都是可以写出特色的。

（二）如何同面试官进行最有效的面谈

大学面谈，对于进入理想大学来说是非常重要的一个环节。通常在面谈之前，你要做充分的预演。申请名牌大学学业成绩相同的学生很多。如果你能很好地回答问题，你能在学业成绩之外有良好的面谈表现，学校对你的印象就会深刻。所以，你要知道沟通和回答问题的立足点。

古人说："工欲善其事，必先利其器。""知己知彼百战不殆。"以什么样的方式去沟通和讲话，是学生们在初中阶段就要开始训练的。到了12年级面谈的时候，你准备得充足就可以在面谈中加分。

事实上在生活中，很多时候面谈是随时发生的。比如在社区募款、服务中，都要与人进行面谈。这些机会就是很好的锻炼，锻炼的机会多了，你就会更出色。在面谈的时候要逻辑清晰，思维敏捷，重点突出。学校面谈实际上是一个对话的过程，学生要主动发问了解学校的有关情况。懂得发问，积极回答问题，都是沟通的技巧。问题问得好、回答得好，才能是一个很好的面谈。

美国大学里面谈最常见的一些问题：

第一个问题，请自我介绍 。这个问题没有固定的答案，可以从自己的学习、才艺、个性、生活经历、努力的过程说起，你可以自已选择介绍的方式。这个题目比较宽，发挥的空间也比较大。

第二个问题，你为什么要报考我们学校。这个问题是在考验你是否真正了解你所报考的学校。你对学校的历史和教育系统、出名的校友和老师、学术和非学术的活动如果非常了解，并说出学校吸引你的原因，就会回答得很好。另外，学校的哪些特别之处吸引了你、你希望在这个学校能得到怎样的收获、你对学校有何疑问都要说出来。如果你说你选择这个学校完全是为了奖学金，离家近等会让学校觉得你这是不得已的选择，不会起到加分的作用。如果你对学校没有任何问题，会让人感觉你对这个学校没有兴趣。你的问题问得好，表示了你对事情了解得透彻，可以展示你的能力。

第三个问题，你愿意了解哪些有关我们学校的事情。包括教学、设备、理念、校园、活动等各个方面，这表明你对学校的兴趣。在这个时候你要表现出自己的主动性，表现出你对事情有深入地了解和掌握问题的能力。如果你没有问题就表示你没有很强的求知欲望，也没有很强的要了解学校的热情。

第四个问题，请说出你生命当中影响你最深的人。很多人都会说是家长、老师或兄长，通常这些人的年龄都比较大并对你有很大的影响。有人会提到伟人或者是生活中的名人。当你说这些名人的时候你要解释清楚你是否了解这些人的背景，他的观念、想法、态度、行为、成就给了你什么样的影响。回答时你可以有一些想象和发挥的空间。

第五个问题，你认为你可以给我们学校带来什么样的贡献。这个问题很好，你不要只是谈成绩和分数。你应当想到自己对学校有什么样的回馈，回馈在哪个方面，要把你的优质特长表达出来比如有组织、领导、策划的能力；在慈善机构，社区活动中做了很长时间的义工；在某种艺术、体育方面的特殊才能。这个题目设计得很好，让人看到你的才华在哪里。这是那些自传履历等文字材料所无法全面表现的。

第六个问题，你生活中曾经克服的一个困难是什么。你必须要讲出一两个曾经遇到的困难，以及你是如何解决的。这是在考验你解决问题的能力，测试你遇到困难时的AQ。遭遇到人生中不顺遂的事情是经常发生的，在困难面前你是积极思考解决的办法，还是怨天尤人等待着别人来帮你解决？这个问题很重要，考官通过这个问题来测试你的抗压能力。

第七个问题，你在闲暇之时做什么事情打发时间。音乐、舞蹈、体育都可以是你的答案。实际上这个问题是想了解你的兴趣爱好，及怎样用自己轻松的方式在生活中与人沟通，建立良好的人际关系，让别人开心，帮助别人。音乐、舞蹈、体育表面上看这好像是好玩的事情，但通过一种轻松的方式同他人分享快乐，就有了不一样的意义，这也是一个自我展现的机会。

第八个问题，未来十年你会变成什么样子。人看人不是只看现在，还要看未来的发展。一个孩子如果能够预测自己未来十年的发展，描绘出未来的蓝图，并知道自己在做什么，说明这个孩子已经很有思想和眼光了。如果这方面能够回答得很好，就会有加分，但是回答这样的问题并不简单，你需要看很多的书，同一些有生活阅历的人交谈获得丰富的人生经验。

第九个问题，你的高中成绩单忠实地反映出了你的才华和能力吗。这个问题暗含的意义就是给你一个机会，假设你的整体成绩不是很理想，你可以利用这个机会来解释你的情况。对于在某一个科目的成绩不好的学生来说，这是给你一个解释为什么没有考好的机会。如果你的成绩很好，你也可以有更多的表达，因为成绩并不能反映一个人的真实能力，你的社区活动，你的业余兴趣爱好，你的沟通和社交能力都不在成绩单中表现。所以对于所有的学生来说这都是一个很好的机会。

第十个问题，请你给我推荐一本好书。这是在考查你是否在看书，看好书。你不能讲那些高中必读的书本，要讲最近读的书，作阅读分析和分享。

第十一个问题，如果有一件事情能重新来过，你希望是什么。意思是你错过了生活中的一些机会，当时你做得不好。如果再给你一次机会，你将怎么做？这也是一个有很大发挥空间的题目。讲得好的话，面试官会认为你经过了历练，会变得成熟，会珍惜你的亲情、友情及生活中应当珍惜的东西。一个人经过对自己的梳理，再回头来看，他对亲情的观念、对自身价值的判断、对人生的设计真的会有很大的变化。9年级的学生就可以针对这些问题常常思考，随着你年龄的增长你对这些问题的答案的深度和广度就会不一样。

三、社会实践，展示独特的自己

美国名牌大学录取学生的标准基本上是学业表现占50%，课外活动占50%。什么是课外活动？为什么课外活动占据了大学录取的一半考查内容？课外活动是培养全面发展人才的有效途径。事实上，美国大学考试委员会从考查学生的课外活动中能够看出学生的人格特质、领导才能与社交能力。因此，课外活动是一个非常重要的环节，每一个学生在假期都要对社会实践做一个很好的安排和规划。

（一）展示学生的社交能力

社交能力是学生在社会交往中建立人和人之间互动的能力。这种能力的强弱，影响到学生能否进入理想大学、未来能否找到一份好工作甚至能否提升职位。生活中我们经常会看到有些人具有非常强的磁场，他们无论走到哪里，身边总有一些追随者。他们既不是明星，又不是领袖，为什么会有这样的吸引力？从人格特质上来说，这些人一般都有良好的语言表达和思辨能力，心胸开阔善于接纳不同的观点，同时也会从他人的角度思考问题，乐于助人。

在旧上海有一种人能说会道，与人和善，社交圈很广。别人干不成的事情他们能干成，别人无法联络到的人他们能联络到。

对于社交达人，展示社交能力最关键的就是良好的口才。而口才是在生活实践中锻炼出来的。美国民权运动领袖马丁·路德·金博士，当年他的《我有一个梦想》唤起了多少人内心燃烧的激情。如果他年轻时没有做牧师的经历，相信就是文笔再出色，他也很难拥有成千上万死心塌地的追随者。

美国的许多教会都有专门为青年人设立的青年事工。那些有热情、乐于助人的学生，经常参加这些青年事工的活动。在活动中，他们努力说服他人去教会，宣扬基督的救恩。这其实是为年轻人提供了一个社交锻炼的平台。来自中国的留学生们，对于教会的这些联谊活动，都要积极参加以训练自己的社交能力。

（二）扩展学生的国际视野

美国的一些优秀夏令营项目都是走出国门，到欧洲、亚洲的一些不发达国家去开展活动，有时甚至是到非洲非常落后的部落去体验那里的土著居民的生活。这在中国学生家长看来，是不可思议的。以往，华人家长观念中的夏令营，就是让孩子们去科技馆、博物馆、美术馆、民俗馆等地方参观，能增长孩子们知识的活动。现在，中国经济条件好了，很多家长有条件送孩子参加各种旅游的夏令营，但家长担心孩子受委屈，他们让孩子参加的夏令营往往都是条件比较优越的，主要目的地基本上都在一些大城市。

这种想法可以理解。但是国际视野的培养，不仅要看西方先进国家，更要看那些落后的国家和地区。学习在不同种族、不同文化、不同背景的情况下设身处地为他人着想，这样学生的思考范围就不再只是自己。

美国的不少私立高中以及一些教会和大学学前补习机构，千方百计地为华人学生设计暑期夏令营方案，譬如到北美波多黎各参与政府部门合作；到秘鲁协助当地组织去各家各户装设太阳能及净化水系统；到哥斯达黎加协助当地农民通过网络及其他渠道销售咖啡等，这些活动与中国人意识中传统的夏令营项目有很大的区别，但在大学招生委员会那里，他们能从中看到中国学生的国际视野。

（三）增强学生的人文情怀

哈佛大学招收学生的标准之一就是要求申请的学生具有悲天悯人的情怀。享誉世界的慈善组织慈济，在美国很有影响力。每当世界各地遇到大的天灾时，都能看到慈济人的身影。慈济在每年的暑期，都会组织一些夏令营活动，这些活动基本上是去世界上最贫穷、最需要帮助的国家。很多华人的孩子在参加了这样的夏令营以后，他们的人生观、价值观都受到了深深的触动，可以说这些活动对他们的一生都会产生影响。而美国的一些基督教高中和大学，在每年暑期的时候，也有不少到非洲和中东这些落后和危险的地方教授英语的项目。这些项目的参加者中，有不少是大学生和高中生。他们深入到那些最偏远和落后的地区，亲身体验那里人民的生活，体会底层人民的思想情感。这给他们的思想以极大的震动，很多孩子回来以后，完全变了一个人，有的孩子改掉了浪费食品的毛病，有的孩子不再追求名牌奢侈品，有的孩子懂得了尊老爱幼。因为生活的极大落差像一面镜子，让他们看到了自身的不足，更让他们产生了怜悯、善良之心。这正是哈佛等名牌大学所需要的优秀品质。

（四）锻炼学生的坚韧毅力

我们常说，军队是训练学生坚强毅力的最佳场所。在很多的亚洲国家，大学新生在开学之前都有军训项目。为什么要让年轻人参加军事训练，就是为了培养他们坚强的意志力。在现代社会竞争激烈的情况下，坚韧的毅力是完成繁重学习任务的保障，更是克服各种困难的基础。一些成功人士，像中国的王健林，美国的麦凯恩，甚至是英国的皇室成员，都有曾经在军队中服役的经历，这种经历可以说是他们一生的财富。

网上流传的某大学的校训，所谓“今日像狗一样地学习，明天像绅士一样地生活。”虽不是真正的校训，但它反映出了学习生活的艰苦。1991年发生的卢刚杀人事件已经过去了二十多年，但从卢刚身上反映出的脆弱、狭隘、嫉妒等扭曲个性，在很多留学生身上依然存在。如果你缺乏坚韧的毅力，这些人性的弱点就会在某一个你不经意的时候冒出来，影响你的生活。因此，一个良好的人格特质离不开坚韧毅力的陪伴。

（五）促进学生的学习热情

不少中国家长限制自己孩子的社会实践活动。他们对高中学生的社会实践活动挑肥拣瘦，总认为活动太多会影响到孩子的学业。殊不知，如果孩子能有效地安排时间和项目，参加实践活动不但不影响学习还会为学习加分。

美国《国家地理》杂志每年的暑期都有去世界不同的地方探密大自然的实践项目，报名的学生很多。这些项目有的是到非洲的原始森林去观察动物；有的是到高原沙漠去探查地质；有的是到帕米尔高原探访那里的原始部落。孩子们在这些社会实践活动中增长了知识，激发了兴趣，也确立了未来发展的目标。

（六）培养学生的领导才能

优秀的社会实践活动，会锻炼学生的领导能力。这种领导力是通过创造性的组织、计划和构想来实现的。有不少学习并不出色的学生他们在学校不引人注意，甚至被忽视，但他们在社会实践活动中却能够担当主角。这与他们的勇敢、善于担当和乐于助人有着密切的关系。这种人格特质也是大学招生委员会所喜欢的，如果这样的学生加上比较好的学业成绩，就比那些只啃书本的孩子更让大学招生委员会喜欢。

四、美国有影响力的夏令营简介

夏令营展示你独特的个性

1. Research Science Institute（RSI）

麻省理工学院合作创立，每年选出约70名高中生参加为期6周的科技研究。全部免费，旨在选拔顶尖理科人才。

2. Telluride Association Summer Program （TASP）

由特鲁莱德协会主办。6周时间，免费。培养领导才能类的夏令营，申请它比申请名校还难。

3. Summer Science Program（SSP）

暑期科学夏令营，地点位于新墨西哥州和加州。面向最优秀的高中生。

4. Young Engineering and Science Scholars（YESS）

加州理工学院的夏令营，专门针对美国少数民族学生（在学术界亚裔不算少数民族），3周时间，免费。

5. MIT MITES Program

麻省理工学院针对美国少数民族的科技夏令营。

6. Women's Technology Program（WTP）

麻省理工学院针对女生的科技夏令营，4周时间，免费。

7. CCIS

斯坦福大学的科学夏令营，内容有地球科学、生物、医学研究等。6~12周时间。

Summer Humanities Institute

斯坦福大学的人文方面的夏令营。

8. Exploration SP @ Yale

耶鲁大学夏令营。

9. NIH Summer Internship Program

美国国立卫生研究院（National Institutes of Health）主办的医学夏令营，参加者须是美国公民。

10. Summer@Brown

布朗大学夏令营。

11. The Ross Program

俄亥俄大学夏令营。超级数学天才去的地方，数学神童的首选。

12. PROMYS

波士顿大学夏令营，也是超级数学天才去的地方，共6周时间。

13. Mathcamp

数学夏令营，每年地点不一，5周时间。

14. Oxbridge Academic Programs

牛津剑桥的夏令营。

15. Jackson lab program

缅因州大学夏令营，是科学、技术、工程、数学为研究方向的夏令营。

16. The EPGY Summer Institute

斯坦福大学天才夏令营。初中生、高中生都有。

17. LEAD

沃顿商学院夏令营。培训方向：领导力、科技管理、运动管理。

18. Business Leadership Program

科罗多大学商科夏令营，一周时间。

19. Congressional Youth Leadership Council （CYLC）

美国国会青少年领袖夏令营。

20. National Student Leadership Conference （NSLC）

全国学生领袖夏令营。这个组织招募人太多，有点名不副实。

21. New York State Summer School of the Arts

纽约州艺术夏令营。

22. Academic Summer Camps and Programs by Education Unlimited®

学术夏令营，这个夏令营的地点在全美有好几个地方，招生范围从小学到高中。

23. Walnut Hill Summer

Walnut Hill 是所艺术类学校，所以夏令营也是艺术类的项目：舞蹈、歌剧、戏剧、视觉、文学创作。

24. Long Lake Arts Camp

长湖艺术营，艺术类夏令营。规模大，项目多，地点在纽约。

25. Blue Lake Fine Art Camp

蓝湖美术营，艺术类夏令营。地点在密西根。

26. Carnegie Mellon SAMS

卡内基·梅隆大学夏令营，是科学、技术、工程、数学为研究方向的夏令营，免费。

27. SIG （summer institute for the gifted） at Princeton

普林斯顿大学夏令营，面向资优生。

28. UC Davis Young Scholars Program

加州大学戴维斯分校夏令营，6周时间，项目为科学实验。

29. Clark Scholars Program

德州理工大学夏令营。7周时间，项目为科学实验。

30. THINK Summer Institute

这是天才儿童机构戴维森学院（Davidson Institute） 的夏令营。面向13～16岁孩子，录取要求SAT最低1 130分（不包括写作部分）。

31. The Garcia MRSEC program at SUNY Stony Brook

纽约大学石溪分校夏令营。7周时间，项目为高分子材料研究。他们的学生不少是英特尔科学奖候选人。

32. NYU's Summer Musical Theater Program

纽约大学的音乐剧夏令营，3周时间。

33. NYU: Tisch School of Arts

纽约大学Tisch艺术学院夏令营。项目内容包括：戏剧、戏剧写作、电影电视、音乐、摄影。

34. NYU Steinhardt Summer Program

纽约大学斯坦哈特夏令营。艺术类。

35. Phillips Exeter Summer Program

菲利普斯埃克塞特（顶级私立高中）夏令营。

36. Summer Programs at Stevens

美国历史最悠久的理工学院的夏令营。地点在新泽西。

37. Hopkins Summer Programs

霍普金斯大学夏令营。

38. Boston University Tanglewood Institute

波士顿大学古典音乐方面的夏令营，跟波士顿交响乐团合作的。

38. Harvard Summer School

哈佛夏令营。

第八章 如何申请奖学金

一、申请奖学金是你的权利

申请美国大学奖学金，学生要选择对的学校，而不是好的学校。学业成绩是申请的关键，此外一封优秀的推荐信也会起到重要的作用。如果学生能找到国内外学术界的知名教授写的推荐信，申请奖学金就会容易很多。

很多学生因为奖学金的问题放弃了进私立大学的机会，转而进入公立大学。有的则上完两年的社区学院再转入四年制大学。这些不同的选择，说明了奖学金对一些孩子的重要性。争取奖学金，尤其是一些顶尖大学的奖学金是凭真才实学来申请的。学校邀请成绩非常好的学生来申请奖学金。这些奖学金除了政府提供，还有一些是由社会精英、名人校友提供，一般名额很有限。如果你有机会进入名校，拿到全额奖学金的话，四年下来能帮家里省很多钱，有时甚至高达12万美元。

因此，奖学金是选择大学的一个重要条件。高中生想要申请奖学金，应当从9年级就开始着手准备。首先好的学业成绩是一个基础；其次9、10年级参加的课外活动要有计划，有选择，做策略性的安排；再次参加SATⅠ、SATⅡ的测验要有充分的准备，这样在12年级递交申请时，你的竞争优势就比较强。

很多学生喜欢申请社区大学，因为社区大学收费比较低，可以为家里省钱。但要注意的是，社区大学生源比较差，学习风气没有四年制大学好，学校的基础设施也没有四年制大学好，如果学生在社区大学里自己不努力，毕业的时间有可能会拖得长久一些。有些社区大学的学生不思进取，上完两年就不准备去上四年制大学了。要知道，上社区大学绝不是主要的目的，而是一种过渡。

申请奖学金是你的权利

申请奖学金要和申请大学同时开始准备。学生可以把申请大学的申请材料和成绩送到大学的同时，把申请奖学金的资料也填好一并送去。有的大学申请奖学金比申请大学晚一些，但只要在截止日期前完成都会受理。有的学生认为："这所大学都不知道收不收我，为何要申请奖学金？"这种观念是不对的，申请奖学金是你的权利。如果你被大学录取了才发现没有申请奖学金，那你就要付出比别人多的学费。不少美国学生即便家庭年收入在十几万美元，也照样申请奖学金。

奖学金有两种，一种是根据家庭的收入及开销，学校为解决你经济上的负担给你提供的赞助奖学金；另外一种是和你的经济状况完全无关的奖学金，因为你够优秀，学校就把奖学金直接给你了。国际学生一般拿到的是第二种。

奖学金的来源有多种，有些来自政府，有些来自学校，有些来自私营企业，还有一些是特殊团体所提供，总之渠道五花八门。申请者不要怕麻烦，多用一点时间上网去查，进奖学金的网站，跟奖学金有关的资讯都要去查。

因为奖学金和申请者的GPA、SAT成绩及课外活动表现和人格特质等联系在一起，有些奖学金和老师的推荐信也有很大关系。所以学生要多参加一些假期社会活动，像打工、社区服务，还可以参加一些宗教活动等。如果你符合条件，就会得到200分、500分、2 000分、30 000分、50 000分的活动分数。这些分数的多少，决定你得到奖学金的多少。

孩子在做课外活动的时候，建议去做一些辩论演讲，编校刊报等。学生还可以自助做募捐，体验募捐的过程才能知道资金的来源，以及怎样从企业、学校、社会民间团体募集到款项。美国的校长、州长，甚至美国总统都要有募款的能力。这些活动都能培养学生未来领袖的能力和素质。

念大学如果自己付学费，家长们了解到的信息是私立大学学费每年5万到7万美元，四年学费就是20万美元；公立大学学费每年3万到3万5千美元，四年学费也是10万到12万美元之间。有些家长说："我一年就赚3万美元，全拿出来都不够交学费，还要借钱。"这种情况怎么办呢？事实上，美国人并不比我们亚洲人有钱，但是美国人的孩子念大学比较轻松，因为他们有申请奖学金的观念，他们往往不会因为钱的问题而不敢报某些他们喜欢的大学。我们鼓励学生报私立大学，是因为私立大学硬件条件好、教师素质高、招生门槛高，虽然学费也高，但是你不必每一元学费都从自己口袋里拿，要学会申请奖学金。公立大学和私立大学基本上都是拿着奖学金在找“千里马”，而你在找“伯乐”，就看你是不是“千里马”了。如果你真的很优秀，在申请大学的时候是可以得到奖学金的资助，免除学费的后顾之忧的。

在这里介绍一些奖学金申请网站：CSS非营利机构奖学金申请网“CSS/Financial Aid PROFILE”，美国联邦政府学生助学金网“Free Application for Federal Student Aid”，联邦教育基金申请估算网“FinAid”。

二、了解法规，提早规划

过去几年，美国公立大学学费涨了将近三分之一，让习惯于12年基础教育全部免费的美国公民感到了现实的压力。华裔家庭由于有储蓄的习惯，华裔学生可根据家庭经济情况选择大学；而美国本地学生则习惯于半工半读，要用更多的时间去打工挣钱，直接影响到学生的功课。

早期上美国的一些名校是不用担心学费和生活费问题的。例如哈佛大学对以优异成绩考入学校，家庭收入在6万美元以下的学生一般不收学费，对家庭收入10万美元以上的学生收取部分学费。有的公立大学学生入学时需个人付每年2万美元到2万5千美元（包吃住）的费用，而每年政府要补贴2万美元，学生读完四年就可以把过去缴的钱都“赚”回来了。因为美国的教育体系是鼓励中低收入家庭的孩子读好的学校，因此补贴扶持中低收入家庭的学生，这是美国教育的国策。

由于这些年美国经济状况不好，企业机构、社团对大学的捐赠持续在减少，加上大学在证券、产业等方面的投资在缩水，像哈佛大学过去几年资产缩水高达几十亿美元。这样一来很多顶尖大学在学生学费和生活费补贴上的政策收紧了，而普通公立大学更涨高了学费以维持学校的各项开支。因此申请奖学金就比以往困难了许多，但是了解清楚奖学金的特点，申请奖学金还是有很多方法的。

单亲家庭申请奖学金有优势。美国社会对于在单亲家庭成长起来的孩子有特别优惠的政策，这些孩子有更多更好的机会进入名校，同时获得奖学金。颁发奖学金是基于美国宪法和教育法，第一是强调人人有平等受教育的权利，第二是重视收入，申请奖学金要参照相关的税法及婚姻法。

单亲家庭经济压力大，孝顺的子女为体贴家人委屈自己而申请学费低的学校，这在策略上说是不明智的。被名校录取很难，录取后拿奖学金相对来说就容易很多。哈佛的学生有七成左右每年获得约四万美元的补助。他们将来从名校毕业，可为家庭及社会带来更大的贡献。

美国教育法强调教育平等。要求公平之外，更强调扶助弱势群体。对社会弱势群体反而会放宽标准，特别录取。单亲家庭属于社会群体的弱势一方，单亲家庭的子女若能维持各方面优秀的成绩，被名校录取的机会能比别人多出数倍。其实，“录取名校的机会大，录取后的奖学金就会多”。单亲父母明白这点后，能更开朗自信地陪孩子一起学习成长。

税法及婚姻法的要求有很多繁琐细节，主要要求是申请人准备家庭收入资料。单亲子女的监护权归属，通常是判给经济状况好的一方，这对申请奖学金反而不利。当父母都再婚时，很多私立大学要求准备的家庭收入资料，包括继父、继母的收入情况，如果不慎填错资料家庭收入一下子变成四份，几乎不可能拿到奖学金。

一般情况下，我们鼓励单亲家庭父母把“报税规划”与“子女奖学金申请”两件事同时咨询律师办理，必然能为孩子申请大学及奖学金作出最好的安排。把社会经济弱势，化为申请大学及奖学金的强势。

大学奖学金审核方式，与华人传统节俭美德有所冲突。比如说，有个华人家庭年收入5万美元，有一套净资产60万美元的房产（房贷已经还清），在孩子申请奖学金时大学认定这是经济状况良好的家庭，不需奖助且要付足额学费。可实际情况却是：这是个勤劳节约的华人家庭，为了先还清房贷平时省吃俭用、捉襟见肘、用尽办法。这对华人父母想熬到孩子18岁进大学后，经济上可以宽裕一点，伴着老房安心退休。结果却事与愿违。这样的例子还有很多。

对于以上的这个误区，华人家长要有相对的安排，不能坐以待毙。中高资产家庭想争取到名校奖学金，需要提前准备的有：第一，进行家庭资产规划；第二，熟悉当地的税务法规；第三，审慎对待资产估价；第四，研究子女个人特质；第五，调整华人家庭消费特性与财产结构；第六，了解大学录取与奖学金审核规定。

这六个方面必须要同时考虑。根据美国的教育法和税法，并针对自己家庭的状况来评估才能做出最佳的申请。举例说明，加州公立大学系统的奖学金申请是由填写联邦政府奖学金免费申请（The Free Application for Student federal Aid，简称为Fafsa）表格来决定是否能拿到，也就是美国教育部会计算出你的公立大学家庭自付额（Expected Family Contribution），那么决定家庭自付额的因素有哪些呢？

第一，收入净值：调整后的总收益（Adjusted Gross Income，简称为AGI）再加上免税的收入（add back untaxed income）。

第二，房产净值（现价减去房贷）：加州公立大学并不把自住屋算入净资产，也就是说只要是用于自住的房屋，500万美元的海景豪宅与两个房间的公寓都不算是您的家庭净资产。但是对出租房，加州公立大学及私立大学都会算入家庭净资产。因此及早规划，税务律师可以根据税法，为每一个家庭量身定制方案争取最高额的奖学金。

第三，金融资产（现金账户、股票及共同基金账户）：账户持有人不同，计算比例不同。账户属父母名下，5.6%需算入自付额；如果是孩子名下，30%需算入自付额。例如账户有10万美元，在父母名下只有5 600美元需要算入自付额；在孩子名下，3万美元都需要算入自付额。两者相差六倍。

大家熟悉的529教育基金，是属于父母资产还是孩子资产呢？2009年以后是属于父母资产，自付额只需计算5.6%。529教育基金又与隔代转移的税法（The Generation Skiping Transfer Tax）有关系，如果有祖父母想赠予孙子女大学学费，真的需要咨询精通教育法及税务法的律师。

第四，父母年龄：父母年纪愈大，自付额优惠的幅度愈大。

第五，家庭人口：六口之家，自付额有较多的优惠。

第六，家庭成员如果同时在上学，例如双生姐妹同时上大学，自付额有折扣。

如今学费飞涨，名校竞争激烈，大学奖学金申请绝对应优先纳入家庭资产计划。常春藤盟校及其他顶尖名校，并不会因为申请奖学金而降低录取几率，如果符合资格而不申请反而会降低进名校的几率。对华人来说，第一目标应该是子女拿奖学金进名校。这不仅是数万美元至数十万美元的节省，更是子女光明未来的保障。

不过据媒体披露，美国名校对于亚裔学生入学申请奖学金，明显有不公平的歧视现象。因此建议家长，尤其是中高资产家庭父母，申请之前需仔细咨询专业税务律师及精通美国教育法的律师，在家庭资产规划、大学奖学金申请和名校申请的财务规划方面要做详细的安排。

三、全美性价比最高的大学排行榜

申请奖学金与了解学校的财务资助计划有密切的关系。美国很多学校为学生们提供优良的教育品质的同时，还提供给学生们奖学金。那么，哪些学校能够为学生们提供高质量的教育，费用又比较低廉呢？著名的《美国新闻》根据大学的学术质量水准，排出2014年最有价值的学校排行榜。这个排行榜以2012~2013年度的学生收到的基本财务援助的平均水平为基准，评比出一些学术质量高而学习费用低的学校，就是最有价值的学校。《美国新闻》考虑到高校最重要的价值是其学术水平，因而被纳入名单中的高校，学术水平都在全国平均水平之上。

从这个排行榜中不难发现，美国学生平均收到的奖学金和应当担负的学费是基本平衡的。

综合大学

排名	学校	平均接受的各种捐赠占总支出的百分比	根据需要收到补助后的平均成本
1	Harvard University 哈佛大学	59.5%	$15 486
2	Yale University 耶鲁大学	54.0%	$16 205
3	Princeton University 普林斯顿大学	58.9%	$17 614
4	Stanford University 斯坦福大学	49.7%	$18 593
5	Massachusetts Institute of Technology 麻省理工学院	57.7%	$19 957
6	Columbia University 哥伦比亚大学	49.9%	$20 435
7	California Institute of Technology 加州理工学院	52.4%	$21 551
8	Dartmouth College 达特茅斯学院	49.7%	$21 587
9	Cornell University 康奈尔大学	47.4%	$21 849

续表

10	Birmingham University（Provo） 伯明翰大学	37.5%	$12 367
11	Vanderbilt University 范德堡大学	44.4%	$21 313
12	Duke University 杜克大学	43.0%	$22 988
13	University of Chicago 芝加哥大学	44.5%	$23 797
14	Rice University 莱斯大学	42.4%	$20 672
15	Brown University 布朗大学	42.0%	$22 039
16	University of Pennsylvania 宾夕法尼亚大学	44.2%	$23 552
17	University of North Carolina（Chapel Hill）北卡罗来纳大学（教学山分校）	42.1%	$19 488
18	Texas A&M University 得克萨斯州 A&M 大学	65.6%	$18 208
19	Emory University 埃默立大学	45.8%	$24 347
20	The Johns Hopkins University 约翰·霍普金斯大学	40.9%	$26 744
21	Northwestern University 西北大学	46.1%	$27 928
22	Pepperdine University 佩珀代因大学	25.6%	$17 811
23	University of Notre Dame 圣母大学	47.8%	$28 365
24	Georgetown University 乔治城大学	35.9%	$25 913
25	University of Virginia 弗吉尼亚大学	27.2%	$24 240
26	Washington University in St. Louis 圣路易斯华盛顿大学	38.7%	$30 344

续表

27	Case Western Reserve University 凯斯西储大学	64.2%	$29 302
28	University of Rochester 罗切斯特大学	54.7%	$28 379
29	Clark University 克拉克大学	57.1%	$22 510
30	Lehigh University 理海大学	42.4%	$24 611
31	Brandeis University 布兰迪斯大学	49.8%	$28 154
32	Tufts University 塔夫茨大学	37.0%	$27 284
33	Clarkson University 克拉克森大学	85.7%	$28 500
34	Wake Forest University 维克森林大学	37.7%	$28 528
35	University of California Riverside 加州大学河滨分校	39.2%	$19 498
36	Boston College 波士顿大学	38.8%	$28 004
37	University of Southern California 南加州大学	38.0%	$30 759
38	Illinois Institute of Technology 伊利诺理工大学	59.6%	$25 102
39	Carnegie Mellon University 卡内基・梅隆大学	44.3%	$32 459
40	Rensselaer Polytechnic Institute 伦斯勒理工学院	65.1%	$34 671

续表

41	North Carolina State University（Raleigh）北卡罗来纳州立大学（罗利）	43.0%	$19 887
42	Yeshiva University 叶史瓦大学	49.7%	$30 372
43	Syracuse University 雪城大学	53.8%	$30 860
44	Loyola University Chicago 芝加哥洛约拉大学	69.8%	$31 174
45	Duquesne University 迪尤肯大学	67.1%	$26 912
46	SUNY College of Environmental Science and Forestry 纽约州立大学环境科学与林业科学学院	58.0%	$25 375
47	University of the Pacific 太平洋大学	71.1%	$33 295
48	Worcester Polytechnic Institute 伍斯特理工学院	63.2%	$35 815
49	Marquette University 马凯特大学	59.3%	$30 710
50	Missouri University of Science & Technology 密苏里科技大学	70.0%	$26 853

文理学院

排名	学校	平均接受的各种捐赠占总支出的百分比	根据需要收到补助后的平均成本
1	Amherst College 阿默斯特学院	55.0%	$16 286
2	Barnard College 巴纳德学院	37.8%	$12 282
3	Williams College 威廉姆斯学院	53.1%	$19 251
4	Pomona College 波莫纳学院	54.5%	$18 249
5	Soka University of America 美国创价大学	86.2%	$17 861
6	Vassar College 瓦瑟学院	59.7%	$19 470
7	Grinnell College 格林内尔学院	71.4%	$20 334
8	Wellesley College 韦尔斯利学院	58.5%	$20 771
9	Swarthmore College 斯沃斯莫尔学院	51.4%	$20 839
10	Washington and Lee University 华盛顿和李大学	41.4%	$18 241
11	Haverford College 哈弗福德学院	48.3%	$20 142
12	College of the Atlantic 大西洋学院	84.6%	$18 156
13	Bowdoin College 鲍登学院	46.8%	$21 708
14	University of Richmond 里士满大学	42.7%	$19 307
15	Macalester College 玛卡莱斯特学院	71.7%	$24 029
16	Middlebury College 明德学院	39.1%	$21 655
17	Colgate University 科尔盖特大学	35.4%	$19 457

续表

18	Smith College 史密斯学院	59.7%	$23 259
19	Claremont McKenna College 克莱蒙特·麦肯纳学院	41.4%	$22 287
20	Hamilton College 汉密尔顿学院	46.5%	$22 479
21	Thomas Aquinas College 托马斯·阿奎那学院	75.7%	$19 558
22	Bryn Mawr College 布林茅尔学院	54.9%	$22 694
23	Colby College 科尔比学院	37.3%	$20 876
24	Wesleyan University 卫斯廉大学	45.8%	$23 101
25	Agnes Scott College 阿格尼丝斯科特学院	78.0%	$21 046
26	Trinity College 圣三一学院	38.9%	$20 549
27	Carleton College 卡尔顿学院	55.7%	$26 930
28	Wofford College 沃福德学院	54.5%	$19 214
29	Mount Holyoke College 曼荷莲学院	68.2%	$25 333
30	Centre College 森特大学	62.9%	$22 757
31	Bates College 贝茨学院	41.4%	$23 227
32	Sewanee：University of the South 西沃恩南方大学	57.5%	$22 623
33	Ripon College 瑞普学院	82.1%	$20 968
34	Hanover College 汉诺威学院	81.1%	$21 265

续表

35	Davidson College 戴维森学院	45.7%	$25 866
36	St. Olaf College 圣奥拉夫学院	68.0%	$24 806
37	Transylvania University 特兰西瓦尼亚大学	68.5%	$21 637
38	Knox College 诺克斯学院	76.1%	$23 825
39	Earlham College 厄勒姆学院	63.9%	$23 243
40	Scripps College 斯克利普斯学院	42.6%	$24 526

第九章　手续办理：进入美国大学的快捷路线图

一、美国大学体制简介

（一）二年制学院

美国有1200多所二年制学院。近年来有越来越多的学生选择在高中毕业后先进入二年制学院就读。与四年制的大学相比，二年制的学院有其特别的优点。它们注重培养就业人才，各类企业都很欢迎二年制学院的各类职业专修学生。尤其在四年制大学教育费用日益高涨的情况下，二年制学院学费相较之下就便宜了许多。学生如果选择二年制学院完成一、二年级的大学学业，将会省下将近三分之一的学费。

以前运用此策略的学生比较少，因其不利因素是有的二年制学院学生转入四年制大学时，会受到一些限制，今天这种限制已经很少。有很多四年制大学和周围二年制学院建立了密切的联系，甚至连所选课程的编号都一样。在美国很多州，法律规定了四年制大学必须留出固定的名额给二年制学院的转校学生。

二年制学院为学生提供一年多到两年的课程，学生毕业可以拿到副学士学位。学院提供两种课程，一种是学术课程，学生学完可以升学到四年制大学继续取得学士学位；另一种是职业技能课程，主要帮助学生获得一技之长，毕业后可以立即就业。所以入学之前你要先确定你的目标，如果你希望将来取得学士学位，便应该同课业辅导老师讲清楚，你选课的学分必须是可以被四年制大学承认的，以便将来可以转入四年制大学继续读大学三年级的课程。

许多好的二年制大学会在一开始就将课程的不同性质告诉你，以便你将来继续升学。州立二年制学院通常和州立四年制大学有合约，让那些读升学课程的学生直接转读。读就业课程的学生拿到副学士学位以后就可以直接工作。一些企业单位很欢迎他们，因为他们学到的东西并不少。他们可以提前进入社会工作，积累工作经验。

在今天的高科技工作中，重要的是获取特殊的职业技能，二年制学院毕业的学生在工作中的表现不会落后于四年制大学毕业的学生。对于从外国来美国读大学的学生，二年制学院也是很好的选择。二年制学院的录取标准不是十分严格，外国学生有更多的机会被录取。二年制学院的竞争较少，压力也较小。许多美国四年制大学在招收外国学生时，特别看重他们是否有在美国受教育的经历，也很看重美国教授的推荐信。

外国学生通过在二年制学院的学习，熟悉了美国大学的生活，提升了语言能力，往往可以顺利转学到四年制大学。另外，二年制学院学生在竞争较少的学习环境下比较容易取得较好的成绩，再加上美国教授的推荐信，转学时会更容易进入一些优秀的大学。

（二）四年制大学及研究所

四年制大学分四年制文理大学、四年制专业大学（授予学士学位），四年制大学及研究所的综合大学（授予学士及硕士学位）。

四年制大学及研究所的综合大学（Comprehensive University）是学生们比较熟悉的学校形态。这些学校主要有文学院、理学院及商学院，规模大的学校另有工学院、医学院、农学院、教育学院、管理学院、艺术设计学院等。这类大学在美国最普遍，它们通常设有研究所，培养学士并培养硕士和博士。这类学校资源广泛、丰富，通常有藏书丰富的图书馆和设备齐全的研究室和实验室，有很多的课程内容可以供学生做广泛的选择。对于一个积极学习且能独立学习的学生，可以学到很多自己想学的东西。但是这类学校也有缺点，它的班级人数较多，尤其是大一新生（Freshman）班级人数可达到三四百人。人数多时，不但选课困难，学生也较难得到教授的直接指导。此外，这类学校的教授有继续做研究的压力，对授课和学生付出的心力相对较少，和学生接触频繁的是助教。

四年制文理大学（Liberal Arts College）授予毕业生学士学位。这类学校的规模较小，招收的人数也较少。课程包括文学院课程和理学院课程。有的文理学院有硕士课程，但是通常没有研究所。这类学校的师资力量很强，大部分教师都有博士学位，他们非常注重教学和对学生的辅导。近年来，这类大学发展较快，提供许多专业课程，如商业、医学预科、法律预科及工程预科等。这类学校的教学质量很好，毕业生继续读研究所拿硕士、博士学位的比率较高。这些学校也招收外国学生，但是要求较高，课程学习需要较高的英语阅读和写作能力。

四年制的专业大学（Specialty Schools）通常有商科、工程、艺术、音乐、设计、军事等专业。这类学校的学生对自己的职业选择有明确的方向，学校的课程也着重培养他们从事某一行业的能力。学校的专业课程很强，同时学生也可以受到良好的人文教育。这类学校一般采取小班教学及个别辅导的方式，学生和教授有较密切的联系。有不少优秀的此类专业大学，如纽约的朱莉亚音乐学院、洛杉矶的设计艺术中心学院等。

美国还有一种独立的研究所，只开设研究生课程，授予学生硕士和博士学位。学生在其他学校得到学士学位以后可以申请进入研究所学习。这种学校的学术质量很高，在美国很有影响力，如加利福尼亚州的克莱蒙研究所。

二、申请美国本科大学的程序

申请美国大学的程序是很多学生都非常关心的。下面就简单介绍一下美国本科大学的申请流程，希望对申请赴美留学的学生们有所帮助。

第一步：参加标准化考试。去美国读本科大学的标准化考试包括两部分：一是托福（TOEFL），二是SAT考试。其中托福是外国学生必考的，也有部分学校可以接受雅思（IELTS）来替代托福，但如果你已经在同美国有合作的国际高中上学，托福和雅思就不是必考项目，而SAT是必须要考的项目。美国排名前五十的大学一定会考查SAT的成绩，如果学生没有参加SAT考试，则一般不容易被录取。因为和你竞争录取名额的学生大多都会参加SAT考试。

美国本科的申请对学生的语言水平要求很高。本科教育要学大量的课程，同学间交流也更频繁和广泛，如果没有良好的英语语言基础是很难适应美国的学习和生活的。美国一般学校对托福成绩的要求大概在80~89分之间，名校应该在90分以上。SAT是美国高中生进入大学所必须参加的考试，也是世界各国高中生能否被录取进入美国名校学习及能否得到奖学金的重要参考。

第二步：准备申请材料。有了托福和SAT成绩，申请者只是具备了申请美国本科大学和奖学金的一个基本条件。你还要准备基本的材料。在美国申请大学时用的是通用的申请表格，一个表格可以申请五所学校。向每个学校交不到五十元钱就可申请，一般学生都会申请八到十二个学校。申请大学跟找工作很相像，就是最想录取你的学校和你最想去的学校正好吻合。一般情况下，申请的学校要分为三部分填写，一部分是你最想去的学校，一部分是你第二选择想去的录取希望也较大的学校，一部分是你觉得完全会被录取的学校。

第三步：寄送材料和成绩。将成绩、申请材料等文件准备妥当之后寄送到学校。需要注意的是，材料的寄送日期必须是在截止日之前。对于托福或者SAT成绩的寄送，由于需要通过美国教育考试服务中心（ETS）寄送（学校不承认学生自己寄送的托福或者SAT成绩），而ETS寄送材料往往要花一个多月的时间，因此要把握好时间防止这些成绩晚于申请截止日到达学校。

第四步：和学校联络。学校在审查学生材料之时，有可能会让学生提供其他材料，因此要注意多向学校询问自己的录取情况。一方面能够让学校知道你很重视这个学校，另一方面也能够防范学校审查过程中由于一些原因导致的寄送材料部分丢失而无人通知你补充寄送的情况。

第五步：准备面试。美国名校一般都会要求和学生进行电话或者面对面的交流，实际上就是一种面试。因为学生提交的所有东西都是书面材料，学校为了衡量学生是否真正优秀，会对学生进行面试。

第六步：等待录取，索要I-20（用于申请签证，证明学生身份、入学资格等的表格文件）。在完成以上步骤之后，你的申请就告一段落。此时，当你收到某所大学的录取通知书之后，一般学校会让你交一定的押金，而且会让你填写一些有关住宿以及个人健康的表格，同时还要一份你学习的资助者的证明表格以及证明文件。将这些表格填完之后，附上给学校的押金（可使用信用卡或者汇票，各个学校情况不同，但不能使用现金），将这些材料寄送回学校之后，学校就会将用于申请签证的I-20发还给学生。至此向学校申请录取方面的所有工作就都已经做完了。

三、签证的办理

在申请签证之前，申请者应提供三方面的证明：一是在本国有永久住所，而且并无放弃的意思；二是提出明确计划说明到美国只是做暂时性的居留，以完成特定的学习为目的；三是在美国期间有足够的资金维持个人生活。

在签证申请时应注意说明以下内容：

第一，申请进入美国的真实目的。

第二，申请人获准入境后，如果居留期满时，能不能按期离开美国。

这主要是考察申请人是否与本国国内存在着不可分割的某种关系。即家庭中有没有自己不能舍弃的亲人，工作中有没有自己不愿舍弃的职位，以及其他社会、经济、文化等方面与本国不可分离的因素。这些关系的密切程度，决定着申请人一旦居留期满能否尽快返回本国。如果申请人在国内有幸福美满的家庭，或担任工作中的要职，或有一定的知名度，或在国内有一定的财产等，签证会比较容易办理。

第三，申请人旅途往返的费用和居留期间的生活费用是否有可靠的保障。美国法律禁止那些成为公众负担的外国人入境。因此，领事官员会认真审查担保人的担保能力，主要考虑申请人美国亲友的经济状况、职业状况、社会地位。如果申请人申请入境的居留时间与亲友所能担保的时间不相符，便会怀疑申请人是否准备作单程旅行。

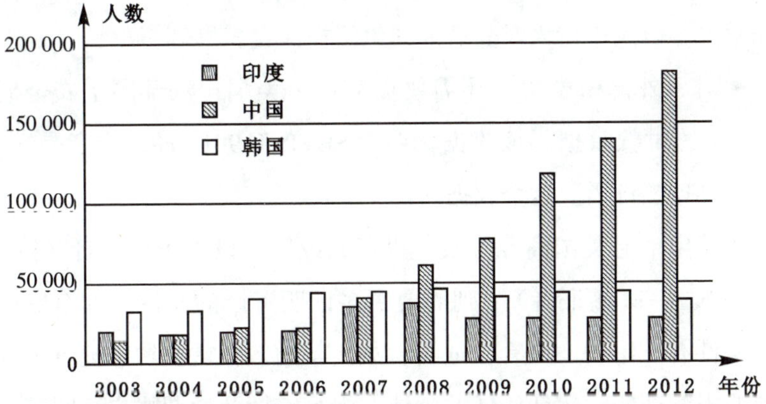

2003年至2012年申请F-1签证的中国留学生增长图表

办理美国签证需要的文件：

- 个人身份证明文件：有效护照、出生证明、证件照片。
- 家庭背景证明文件：户口本、户籍关系复印件、家庭合影照片、认养证书、过继证明书等。
- 职业证明文件：工作证、公司应聘书、薪资和扣缴凭单、职位证明等。
- 婚姻证明文件：未婚证明、结婚证、离婚证、订婚证明等。
- 学历证明文件：毕业证书、结业证书、学位证书、托福成绩单、在校成绩单、教授专家推荐的信函、专业论文等。

• 健康状况证明文件：合格的医院（由美国移民局指定的单位）出具的体格检查表、胸部X光片、预防接种、免疫证明等。

• 个人财产证明文件：通常包括证明个人拥有的银行存折、股票、房产、税单等财产文件。

• 生活担保证明书：申请人申请受益人来美国时，通常要提供生活担保证明。所谓生活担保证明，包括申请人个人财产证明文件或雇主证明书，以及申请人对受益人的生活担保宣誓书等。

• 对于外国留学生，还需要提交付给美国司法部国土安全局的200美元的付款收据。该收据标明是SEVIS I-901 Fee，或者是I-797表格，办理签证需要这个收据。

• 若申请赴美国商务考察、投资或设厂、设立子公司者（持B—1、E—2、L—1签证者），则需要更多证明资产的文件。拥有资产的证明文件有：不动产所有权证明、买卖契约、租赁契约、地价税及房产税的报缴证明、信任凭证及公债、银行定期及活期账户证明等。此外，申请人尚需提供有关公司或分公司的证明。如：公司章程、公司执照、股东名册、公司统一发票及有关营业税、印花税之缴税书、公司资产的负债表、公司营运情况、损益表、公司现行账号及存款证明、公司外汇证明书，甚至有时还须包括公司股东或董事会的决议书、员工名册、员工缴税凭单、投资项目的现场照片等。

• 可能需要的其他文件，如某些往来书信、商业电报、契约、委托书、同意书、授权书等。

四、美国10所名校毕业生状况分析

美国常春藤大学暨常春藤盟校（Ivy League），指的是由美国新英格兰地区8所大学组成的联盟。我们在此将排在前10名的常春藤名校和综合大学以及文理学院的校训及其毕业生基本情况介绍给读者，从中可以看出美国名校的不同个性和特质，让学生们能够把握住名校的特点，更好地申请美国名校。

（一）普林斯顿大学（Princeton University）

坐落在美国新泽西普林斯顿市的普林斯顿大学是一所私立大学，它是美国第一个对于有经济困难的学生不提供学生贷款，而用资助学生奖学金的办法来帮助学生完成四年学业的大学。因此，他们对学生的录取要求非常高。

普林斯顿大学提供两种主流的本科学位：文学学士学位和工学学士学位。普林斯顿具有浓厚的欧式教育学风，创立宗旨是强调训练学生具有人文及科学的综合素养。普林斯顿大学的校训是“让她以上帝的名义繁荣”（Dei Sub Numine Viget）。

普林斯顿大学毕业生基本情况表

2012年毕业生生活区域				
美国各地	大纽约市	华盛顿特区	旧金山地区	大波士顿地区
1307人	651人	115人	109人	73人

续表

2012年毕业生主要工作单位				
普林斯顿大学	微软公司	德勤会计事务所	谷歌公司	波士顿顾问公司
87人	14人	11人	11人	11人
2012年毕业生工作领域				
研究领域	教育领域	工程师	金融	传媒
348人	119人	111人	96人	69人
2012年毕业生研究领域				
社会科学	工程研究	经济研究	物理科学	生物化学
302人	164人	152人	117人	106人

注：普林斯顿大学2013至2014年平均学费为40 170美元，在校人数5 336人，男女生比例为：男生51%、女生49%，录取率为7.8%。

（二）哈佛大学（Harvard University）

哈佛大学校训最终被确定为“真理”（Vista）。哈佛有商学院、医学院、工程学院及法学院等13个学院和机构。其图书馆藏书非常丰富，它是美国最古老的收藏图书馆，也是世界上藏书最多的私人图书馆。哈佛大学培育出八位美国总统，马友友、海伦·凯勒也是哈佛的毕业生。

哈佛大学毕业生基本情况表

2012年毕业生生活区域				
美国各地	大纽约市	墨西哥	旧金山地区	大波士顿地区
3402人	562人	193人	224人	73人

续表

2012年毕业生主要工作单位				
哈佛大学	麦肯锡公司	麻省理工学院	谷歌公司	波士顿顾问公司
199人	33人	25人	29人	26人
2012年毕业生工作领域				
研究领域	教育领域	顾问公司	财务金融	传媒
697人	402人	249人	221人	226人
2012年毕业生研究领域				
社会科学	商业/市场/管理	经济研究	商业管理	生物化学
744人	722人	520人	357人	321人

注：哈佛大学2013至2014年平均学费为42 292美元，在校人数6 658人，男女生比例为：男生51%、女生49%，录取率为6.0%。

（三）耶鲁大学（Yale University）

耶鲁大学的校训是“光明和真理”（Lux et veritas）。耶鲁大学以其优秀的戏剧和音乐项目，让学生的课外活动丰富多彩。著名的“威芬普夫斯”（Whiffenpoofs）无伴奏合唱团、耶鲁大学戏剧协会被称为耶鲁的特色。耶鲁大学有13个专业学院，包括艺术学院、法学院、药学院、管理学院、护士学院等。耶鲁大学的戏剧学院，林业与环境研究学院以及神学院的研究生课程备受推崇。

耶鲁大学毕业生基本情况表

2012年毕业生生活区域				
美国各地	大纽约市	华盛顿特区	大波士顿地区	旧金山湾区

续表

1685人	822人	130人	118人	105人
2012年毕业生主要工作单位				
耶鲁大学	高盛集团	摩根士丹利公司	摩根大通集团	波士顿顾问公司
102人	14人	14人	11人	16人
2012年毕业生工作领域				
研究领域	教育领域	工程	财务金融	传媒
436人	183人	92人	100人	121人
2012年毕业生研究领域				
社会科学	政治和政府	经济研究	历史	生物化学
356人	188人	251人	110人	171人

注：耶鲁大学2013至2014年平均学费为44 000美元，在校人数5 405人，男女生比例为：男生50%、女生50%，录取率为7.0%。

（四）哥伦比亚大学（Columbia University）

哥伦比亚大学的校训是“在你的光明中看到光明”（In lumine Tuo Videbimus Lumen）。哥伦比亚大学的研究生学院，包括商学院、师范学院、海洋学院、法学院、内科和外科医学院、国际关系与公共事务学院、艺术学院和梅尔曼公共卫生学院都非常有名。学校还拥有备受推崇的口腔医学院、新闻学院、巴纳德学院、协和神学院和犹太神学院。哥伦比亚大学还是普利策奖的颁发管理学院。杰出校友有美国的开国元勋约翰·杰伊、获得两次奥斯卡最佳原创歌曲奖的音乐人奥斯卡·汉默斯坦二世和女演员玛吉·吉伦哈尔。

哥伦比亚大学毕业生基本情况表

2012年毕业生生活区域				
美国各地	大纽约市	华盛顿特区	大波士顿地区	旧金山湾区
3556人	2644人	89人	86人	89人
2012年毕业生主要工作单位				
哥伦比亚大学	高盛集团	摩根士丹利公司	谷歌公司	哥伦比亚大学医学中心
1239人	15人	14人	14人	28人
2012年毕业生工作领域				
研究领域	教育领域	工程	财务金融	传媒
689人	320人	219人	252人	320人
2012年毕业生研究领域				
社会科学	商业与市场	经济研究	历史	心理学
721人	407人	451人	399人	286人

注：哥伦比亚大学2013至2014年平均学费为49 138美元，在校人数6 068人，男女生比例为：男生53%、女生47%，录取率为7.4%。

（五）斯坦福大学（The Stanford University）

斯坦福大学的校训是“自由之风永远吹拂”（Die luft der Freiheit weht）。斯坦福大学的7所院校提供本科和研究生课程，其余3所是纯粹的本科院校。研究生学院包括名列前茅的教育学院、工程学院、法学院、医学院和世界排名第一的工商管理研究生院。斯坦福大学伍兹环境研究所负责环境科研、教学和推广之间的协作。斯坦福大学拥有一批知名的戏剧和音乐团体，包括“公羊头”戏剧社团和“乞讨者”

男生无伴奏合唱团等。斯坦福大学的著名校友有美国前总统赫伯特·胡佛、著名的美国国家橄榄球联盟（NFL）四分卫约翰·艾尔威、女演员西格妮·韦弗和高尔夫球手泰格·伍兹。

斯坦福大学毕业生基本情况表

2012年毕业生生活区域				
美国各地	大纽约市	大洛杉矶地区	西班牙	旧金山湾区
4 652人	232人	195人	204人	2 874人
2012年毕业生主要工作单位				
斯坦福大学	苹果公司	微软公司	谷歌公司	甲骨文公司
332人	58人	56人	89人	40人
2012年毕业生工作领域				
研究领域	教育领域	工程	自我创业	资讯领域
933人	470人	1046人	529人	542人
2012年毕业生研究领域				
商业与市场	电脑和资讯科学	电脑科技	工程	社会科学
1 370人	96人	770人	1225人	573人

注：斯坦福大学2013至2014年平均学费为43 245美元，在校人数7 063人，男女生比例为：男生52%、女生48%，录取率为6.6%。

（六）芝加哥大学（The University of Chicago）

芝加哥大学的校训是“益智厚生”（Crescat scientia; vita excolatur）。芝加哥大学由研究生院和本科学院组成，有名列前茅的商学院、法学院、普利兹克医学院、哈里斯公共政策研究学院和地球物理科学院，还有著名的经济学研究生院以及备受推崇的神学院。著名校友有美国前司法部长约翰·阿什克罗夫特、世界著名经济学家诺贝尔经济学奖获得者米尔顿·弗里德曼、民权活动家杰西·杰克逊、前美国最高法院大法官约翰·保罗·史蒂文斯和作家库尔特·内古特。

芝加哥大学毕业生基本情况表

2012年毕业生生活区域				
美国各地	大纽约市	大芝加哥地区	华盛顿特区	旧金山湾区
1967人	171人	1214人	74人	98人
2012年毕业生主要工作单位				
芝加哥大学	“为美国而教”支教组织	麦肯锡公司	芝加哥大学医学院	德勤会计师事务所
130人	13人	12人	10人	10人
2012年毕业生工作领域				
研究领域	教育领域	财务金融	媒体公关	顾问公司
422人	216人	172人	145人	97人
2012年毕业生研究领域				
商业与市场	经济	政治与政府	生物科学	社会科学
229人	337人	176人	129人	560人

注：芝加哥大学2013至2014年平均学费为46 386美元，在校人数5 590人，男女生比例为：男生53%、女生47%，录取率为13.2%。

（七）杜克大学（Duke University）

杜克大学的校训是“追求知识，信仰宗教”（Eruditio et Religio)。杜克大学共有10个学院，其中有本科生和研究生。其研究生学院包括著名的富卡商学院、普拉特工程学院、法学院、医学院、桑福德公共政策学院和护理学院，还有其备受推崇的神学院和尼古拉斯环境学院。杜克大学有最受人尊敬的罗伯逊奖励计划，提供给每一个班约18名学生到北卡罗来纳大学学习一个学期的机会。著名的校友有比尔与梅琳达·盖茨基金会的创始人之一梅琳达·盖茨、NBA球员卡洛斯· 布泽尔、美国第37任总统理查德·尼克松、前美国国会议员三次总统候选人罗恩·保罗。

杜克大学毕业生基本情况表

2012年毕业生生活区域				
美国各地	大纽约市	北卡罗来纳地区	华盛顿特区	旧金山湾区
2453人	348人	777人	175人	148人
2012年毕业生主要工作单位				
杜克大学	“为美国而教”支教组织	微软公司	杜克大学医学中心	德勤会计师事务所
1 141人	16人	17人	22人	17人
2012年毕业生工作领域				
研究领域	教育领域	财务金融	健康服务	工程
439人	186人	132人	147人	168人
2012年毕业生研究领域				
商业与市场	经济	工程	生物科学	社会科学
172人	283人	280人	286人	389人

注：杜克大学2013至2014年平均学费为45 476美元，在校人数6 655人，男女生比例为：男生50%、女生50%，录取率为13.4%。

（八）麻省理工学院（Massachusetts Institute of Technology）

麻省理工学院的校训是“既学会动脑，又学会动手”（Mens et Manus）。麻省理工学院专注于科学和技术的研究，有五个学院和一个研究院。它的工程学院——斯隆管理学院除了优秀的经济类专业，还有心理学、生物学、化学、地球科学、物理学和数学等专业。麻省理工学院的研究支出每年超过6.5亿美元，这些资金基本来自政府机构，如美国卫生部、人事部和国防部。麻省理工学院的校友中，共有80位诺贝尔奖获得者。杰出校友有阿波罗11号宇航员巴兹·奥尔德林、联合国前秘书长科菲·安南和美国前联邦储备委员会主席伯南克，华人科学家钱学森、建筑师贝聿铭、搜狐老总张朝阳。

麻省理工学院毕业生基本情况表

2012年毕业生生活区域				
美国各地	大纽约市	大波士顿地区	印度	旧金山湾区
2 230人	187人	1 075人	134人	274人
2012年毕业生主要工作单位				
麻省理工学院	谷歌公司	甲骨文公司	麦肯锡公司	哈佛大学
227人	28人	26人	20人	19人
2012年毕业生工作领域				
研究领域	教育领域	顾问公司	科技资讯	工程
601人	189人	158人	198人	631人
2012年毕业生研究领域				
电脑与信息科技	电脑科技	工程	电信工程	物理科学
172人	391人	974人	337人	325人

续表

注：麻省理工学院2013至2014年平均学费为43 498美元，在校人数4 503人，男女生比例为：男生55%、女生45%，录取率为8.9%。

（九）宾夕法尼亚大学（University of Pennsylvania）

宾夕法尼亚大学的校训是“法无德不立”（Leges Sine Moribus Vanae）。宾夕法尼亚大学有45个联谊会。学校有大量的俱乐部和学生社团（包括拉丁和摩登舞蹈俱乐部的表演团体），还有众多的学生出版物。

宾夕法尼亚大学有12所学院：4个提供本科生和研究生课程，8个只提供研究生课程。该大学的研究生项目在全国名列前茅，包括沃顿商学院、教育学院、工程与应用科学学院、法学院和医学院。宾夕法尼亚大学的其他著名的研究生学院还有设计学院和口腔医学院。超过2 000名学生每年参加在世界各地70多个国家的国际研究课程。宾夕法尼亚大学的著名校友有美国前总统威廉·亨利·哈里森、诗人威廉·卡洛斯·威廉斯和商人沃伦·巴菲特，还有梁思成、林徽因、冯友兰和郎咸平。

宾夕法尼亚大学毕业生基本情况表

2012年毕业生生活区域				
美国各地	大纽约市	大费城地区	华盛顿地区	旧金山湾区
3716人	750人	1685人	213人	207人
2012年毕业生主要工作单位				
宾夕法尼亚大学	大学医学院	费城儿童医院	高盛集团	沃顿学校
231人	41人	36人	23人	21人

续表

2012年毕业生工作领域				
研究领域	教育领域	健康服务	媒体与公关	工程
701人	476人	298人	216人	326人
2012年毕业生研究领域				
社会科学	商业	经济	工程	生物医学科学
564人	394人	330人	407人	325人

注：宾夕尼亚大学2013至2014年平均学费为45 890美元，在校人数9 682人，男女生比例为：男生50%、女生50%，录取率为12.6%。

（十）加州理工学院（California Institute of Technology）

加州理工学院校友中有32位获得过诺贝尔奖。加州理工学院设有生物学、化学及化学工程、工程与应用科学、地质学及行星学、人类学及社会科学、物理数学和天文学等六大学系。主要学科有：天文学、天文物理、地质学、地质物理、原子物理、物理、生物化学、生物科学、分子生物、细胞生物、大气工程、应用数学、土木工程、机械工程、电脑工程、电脑科学、电机工程、工程及应用科学、工程物理、化学工程、化学、环境工程、地质化学、物质科学、数学、精神科学、太空科学、社会科学、经济、历史、文学等。著名校友有周培源、赵忠尧、谈家桢，电影导演弗兰克·卡普拉也毕业于加州理工学院。

加州理工学院毕业生基本情况表

2012年毕业生生活区域				
美国各地	大洛杉矶市	加州地区	大纽约市	旧金山湾区
522人	238人	28人	25人	65人
2012年毕业生主要工作单位				
加州理工	诺斯罗普·格鲁曼公司	爱迪生电力公司	麻省理工	加州大学伯克利分校
51人	19人	8人	6人	5人
2012年毕业生工作领域				
研究领域	教育领域	项目管理	科技资讯	工程
136人	33人	22人	19人	81人
2012年毕业生研究领域				
社会科学	机械工程	化学	工程	物理
564人	50人	50人	147人	116人

注：加州理工学院2013至2014年平均学费为41 538美元，在校人数997人，男女生比例为：男生62%、女生38%，录取率为11.8%。

第十章 人生蝶变：名校中的华人骄子

一、詹宜伦：伯克利大学让我学会了独立

华人子女大多能考高分数上美国名校，这是一个不争的事实。但是，只是成绩好就能进入美国名校吗？答案是否定的。无数的事实告诉我们，如果你的各科成绩都是满分，但你的人格特质、领导才能、社交能力等方面都不能与你的成绩相匹配的话，名校对这样的书呆子是没有兴趣的。

詹宜伦，一个普通的伯克利大学的毕业生，看上去貌不惊人。就是这个年仅34岁的年轻人，却是美国一家大公司的副总裁，主管公司与80多家医院的合作业务，管理的员工有100多人。

谈到自己的生涯规划，以及高中、大学对自己的影响，詹宜伦很感慨。他认为自己的人生之路可以说是从大学开始，由于大学打下了坚实的人生基础，让他树立了正确和坚定的人生价值观，他才能在之后的人生道路上目标明确，步伐坚定，知道自己在做什么以及怎么做。他说，当年他在南加州学院（ACI）补习SAT的时候，院长郭培钧说过的“一个人的意念决定他的高度”让他受益终生。

当年，詹宜伦作为全优生被伯克利大学录取。他的SAT成绩接近满分，GPA成绩也在4分以上。如果说单以这样的成绩去竞争，在申请伯克利大学的佼佼学子中是无法脱颖而出的。但詹宜伦却与众不

同：在球场上，他是一个活跃的运动健将；在画室里，他是安静的静物画家；在社区里，他还是一个热心的年轻义工。

当年，他在上高中的时候就已经是学校俱乐部的成员，这个俱乐部是一个由学生们自发组成的活跃组织。在这个组织里，詹宜伦经常参加当地社区举办的各种健康服务活动，向社区民众介绍基本健康知识；他还参加照顾老人的关怀小组，为当地老人院的老人们送信、买东西，带老人去医院就诊……当其他的孩子在玩电子游戏或在电影院、舞会、派对上享受生活的时候，詹宜伦的时间几乎全部花费在社区活动、做义工上面了。

一个好学生的优秀，不在于你一时的突出，而在于你长期的坚持。在高中、初中的这些年里，詹宜伦从来没有停止过社区服务工作，他在开车送那些老人去医院的路上，在参加社区健康服务活动的时候，就立下了小小的志愿，长大要做一个医生，一个能够治病救人的医生。当然，辛勤的栽培必然获得丰收的成果，当加州伯克利大学看到詹宜伦的简历和教师的推荐信，看到他贡献出的时间和精力，马上拍板：这就是我们所需要的学生！

进入大学只是人生奋斗的开始，挑战性的难题还在后面。没有独立生活过，不知道水电煤气怎样缴费；没有租过房子，不知道怎样租房砍价；没有同陌生人共同生活过，不知道怎样面对24小时都在同一个屋檐下的同学。学习对于詹宜伦来说不是太大的问题，但是生活中这些琐碎的小事，却让他在离开了父母之后感到了一种无所适从的彷徨。

生活就是学习。詹宜伦同所有华人的孩子一样，虽然他父母住的地方离他的学校只有不到一个小时的路程，虽然他的母亲一直希望他住在家里，但他还是搬出去了。他学会了自己处理账单，学会了与房东友好相处，学会了与舍友求同存异。多年后当他走入职场再回顾学校的生活时，他不无感慨地说："加州伯克利大学给我最大的恩赐就是让我学会了独立。"学会独立，这句话说起来容易，但是一个人要在生活中独立，尤其是心理上完全独立，的确需要一个考验的过程。

在大学期间，詹宜伦努力学习，苦心钻研，他的独特见解让教授对他赞誉有加。他写的《有关紧急救护中的医疗救治和比较》，在美国著名的医学杂志《加拿大急救医学》（*Canadian Journal of Emergency Medicine*）和《美国心血管药理》（*Journal Cardiovase Pharmacol*）上发表，他也因此成为他们年级中最出色的毕业生。

谈到大学对自己的影响，詹宜伦说："伯克利大学是我人生奋进道路上的第一步，也是最扎实的一步，在那里我学会的最重要的一点就是独立。这个独立，包括独立生活，独立思考，独立个性的养成。之前，当我还是高中生的时候，我在生活上有太多的依赖，依赖父母，依赖家庭。当我进入大学以后，所有的事情需要我自己来做，在做的过程中，我学会了与同学合作，领会了团队精神，也学会了独立地面对各种困难。"

看到现在众多的华人家长为了孩子能够上一个著名的大学，不惜财力、时间、精力，让孩子参加各种补习、课外活动、才艺比赛，他深有感触。詹宜伦说，美国的优秀大学招生考查的最重要的一点就是学生是否全面发展。这不仅要学习好，课外活动、艺术才能、演讲才能等都要突出。尤其重要的是，学生要有一颗关怀社会、关心他人、苦心钻研学业的心。当初，他想当医生，并不仅是因为医生挣钱多，更重要的是医生职业崇高而神圣。

现在，看到这么多的海外学子漂洋过海到美国学习，詹宜伦想对所有来自中国的华人学子们说，美国的确是一个有着非常好的高等教育环境和学术气氛的地方。到美国来学习，最重要的就是要冲破语言障碍，建立扎实的英语基础。尽管有不少人认为英语的学习存在着文化的差异，这种文化的差异让中国的学生们在学习英语时会产生畏惧的心态。对此，詹宜伦认为，建立扎实的英语基础同文化差异没有很大的关系。现在是东西方文化交融的网络时代，“地球村”的建立更打破了这种文化的藩篱。从非英语国来的学子们，没有任何理由不学好英语。但是学习英语一定要冲破胆怯、懒惰、狭隘、依赖的关口，勇敢面对各种试练机会。“因为没有人告诉你应当怎样做，你只有自己面对所有的困难，利用一切可以学习的资源，争取自己的‘最大公约数’。”

二、陈杰生：学会目标管理，你就能取得成功

在一个高考暑期补习班上，有一个大男孩被一群十五六岁的孩子围着，大家七嘴八舌地向他问这问那，男孩子笑着回答大家的各种提问，人群里不时发出惊喜的欢呼声。这个大男孩，就是2014年被哈佛、普林斯顿和耶鲁大学同时录取的陈杰生。

他凭着什么样的禀赋能够被三所常春藤大学录取？他是怎样一个孩子？他的学习和生活同一般的孩子有什么不同？我们带着这样的问题采访了陈杰生。

（一）有效的管理，是良好习惯的开始

陈杰生是一个开朗的孩子。谈到自己被名牌大学录取的诀窍，他笑着说："其实生活中是没有什么诀窍的。如果说有，我的诀窍就是平衡管理，管理好自己的时间，管理好自己的事务，管理好自己的心情，管理好自己的目标。这是在南加州学院学习的时候郭培钧院长教导我的，也是我在之后的生活中领悟到的。"

陈杰生小时候是一个问题儿童，他的成绩总是班上的后10名。母亲很是为他着急。后来，他的父母看到他对体育有些兴趣，就让他参加网球、跆拳道、高尔夫球、篮球等运动。在玩的过程中，父亲发现陈杰生对高尔夫球表现出特别的兴趣。为了培养他这方面的特长，父亲让陈杰生从9岁开始，就接受了专业的高尔夫球训练。

（二）不是时间不够用，而是没有安排好

陈杰生的父亲是他人生的启蒙老师。他经常对孩子说，"上天给予每一个人的恩赐都是一样的，关键看你是否努力，是否能安排好自己的时间。很多孩子在你这个年龄段的时候，打游戏机，参加各种派对，这是他们的选择，你要选择好自己的生活。你现在的辛苦，就是为了将来不辛苦，现在的有效管理，就是为了将来形成习惯。无论打球还是学习做什么就要像什么，你打一杆好球比你打1000杆烂球重要。做任何事情都要一步一步地练习，根基扎实才能枝繁叶茂。"

父亲的话他听进去了。虽然他也爱玩，也想参加各种活动，但是他给自己制定了严格的作息时间，作业、打球训练没有完成，他就拒绝所有同学的邀请。在9年级至10年级之间，陈杰生的时间表是这样

的：每天早上6点半起床，7点吃早点，8点到学校，下午3点放学，3点30分至5点30分打球，6点30分吃晚饭，晚上7点至12点做AP课程以及其他课程的作业，12点准时睡觉。

周末日程有时会有所改变。打球的时间增加到6个小时，除此以外，他给自己安排的业余的时间稍微多一点，可以和同学们一起出去玩，参加一些社区活动，看看电影，等等。

在11年级升学的关键时期，他的日程安排变得更加紧密。除了睡觉的时间不变以外，他增加了每天2个小时的课外补习时间，减少了练习高尔夫球的时间。每天打高尔夫球的时间为45分钟，变成7点40至8点25打球。9点回家洗漱完毕后开始写作业，直到夜里12点。

为了在课业上争取好的成绩，他从高中10年级开始，就选了10项AP课程。这些课程，本来应当在大学里完成，他还是提前修完了。因为他总是记着父亲的提醒：现在的辛苦就是为了以后的不辛苦，年轻人最大的资本就是有精力、有时间，要尽可能地利用这些资本来证明自己。

郭培钧校长也曾经告诉他，不要小看那些零碎的时间，只要把这些小时间积累起来就是完整的时间，就可以做很多事情。早准备、早规划，你就比别人领先了一步，可选择的机会就比别人多了许多。他牢记这些教导，把自己的时间安排得满满当当。在等车、排队、坐飞机的时间里，他都会把生词卡片拿出来背并反复琢磨。

（三）帮助他人并不是浪费时间

年轻人非常看重同学和朋友间的情谊。陈杰生几乎把所有的时间都用在学习和高尔夫球练习上。遇到朋友邀请参加派对或其他活动的时候，拒绝不是意味着“不够意思”，不讲朋友情谊吗？如果有人提出这方面的责怪，陈杰生会不会改变他的日程呢？

“这要看是什么事情。”陈杰生笑着说。他表示自己经常面对别人这样那样的邀请。但是，“不能因为他们的邀请就打乱了自己的计划，因为你有很多事情要做，先完成自己的事情才能答应朋友的邀请。这并不是一个哥们儿义气的问题，而是一个对自己负责的问题，我对有些不重要的邀请，能够拒绝的时候就要拒绝。否则，我的计划就不可能完成了。”

“时间一长，我的朋友们都了解了我，他们知道我在没有完成自己的计划以前是不会轻易改变时间安排的，所以他们有时候会因为我改变活动计划。”“我觉得在我生命中最重要的两个东西，一个是家庭，一个是朋友。对家庭，我要尽到我的爱心和责任；对朋友，我要用我最大的能力来帮助他们。帮助他们最好的方法，是我自己要有能力。”这些话从陈杰生的嘴里讲出来，让你不敢相信面前的是一个不到18岁的年轻人。

陈杰生喜欢帮助人，他知道帮助他人的过程实际上也是自我学习和提高的过程。他强迫自己在任何时候都要精力充沛，用最集中的注意力来完成想要做的事情。“有本事的人是自己控制时间，没有本事的人是嗔怪时间不够用。”爸爸的这句话，让他时时提醒自己做任何事情都要专注、专心。

（四）全面发展，树立人生更高的目标

陈杰生高尔夫球打得好，被选为全美青少年高尔夫球比赛优秀球员。但是，他并不觉得这就是常春藤大学录取他的唯一理由。事实

上，他对股票等方面的敏锐，也吸引了大学委员会的注意。在他12岁时，看到父母炒股，他凭着自己对市场的敏锐感觉购买了苹果公司的股票，当年只有80多美元，现在已经翻了近10倍。

陈杰生高尔夫球比赛拿到名次，但他并不沾沾自喜这小小的成绩。他在暑假期间，到中国宁波组织高尔夫球野营会，带领30多个孩子学习打高尔夫球。虽然在中国高尔夫球对于孩子们来说还是一项比较奢侈的运动，但是他通过这项运动让小孩子们了解到：人的意念决定态度，态度决定高度。只有树立高目标，才能拥有美好的未来。而树立高目标的同时，还要脚踏实地用行动向目标迈进。

陈杰生进普林斯顿大学读书了，他的主修专业是金融。对于他的选择，同学们有点好奇。既然哈佛、耶鲁、普林斯顿大学都录取了他，为什么要选择普林斯顿大学呢？对于这个问题，陈杰生说："选择什么样的大学，不是为了面子上好看，而是要真正学到自己想学的东西。我觉得普林斯顿大学适合我，在这个校园里我有充分的自信。另外，他们的经济和金融专业非常强。普林斯顿大学2009年诺贝尔经济学奖得主约翰·纳什同我谈了15分钟的话，给了我很大的鼓励，让我更加明确了未来的发展目标。我将来要做华尔街的股票经纪人在金融方面发展，这是我的理想。"

对于目前正在刻苦学习准备考大学的学生们，陈杰生有一番自己的忠告。他说："现在的高中生，不要为了压力而学习，要为兴趣而学习，要为了自己的人生目标而学习。当下最重要的是放下压力。从一点一滴开始，做好每一件事情，只要发挥出你的最佳状态就好。不要怕吃苦，更不要担心结果，只要你努力了肯定会有好的结果，只要你坚持正确的目标肯定会有收获。记住：笑到最后的人，笑得最好。"

三、范萱：从当初的焦急流泪，到今天的鲜花满怀

范萱7年级才来美国。初来美国时，对这里的一切可以说是一无所知。面对一个陌生的国家，她有点束手无策。据范萱的母亲介绍，范萱至今还非常清楚地记得自己上历史课时的情景：当时讲的是欧洲历史，老师在课堂上讲的什么，她一句都没有听懂。回到家没有办法完成作业，只好查电子字典，但是电子字典提供的信息既有限又不完全正确，她急得直哭。

那时候，以范萱的英语水平只能在学校的非母语英语课程（ESL，English as a Second Language）班学习，这个班针对的就是那些英语不是母语的外国小留学生。在学校里虽然有老师帮助他们完成英语作业，但这些作业都是最基本的英语，范萱如果按照这个水平和速度学习，两年以后考大学SAT的英语成绩肯定过不了，很难预料能否进一个好一点的大学。范萱着急，范萱的父母也非常着急。

这时候，有学生家长向范萱的母亲推荐南加州学院。当时范萱母亲还不知道南加州学院是做什么的，她还以为是一个大学。当她知道南加州学院是一个课后补习学院后，就把孩子送到这里想让孩子试一下。没有想到范萱在这里学习了不到一年的时间，她的英语成绩就取得了飞快的进步。

到8年级的时候，范萱想从非母语英语课程班转到正常英语班，因为她只有拿到初中老师的推荐信，才能够在高中进入荣誉（Honer）班选择AP课程学习。如果离不开非母语英语课程班，她就没有资格拿到老师的推荐信，将来也无法拿到荣誉课程和AP课程。那时候，初中老师对她说："我们不能确定你的英语成绩是否稳定，你要

参加了加州英语水平测试，并且所有英语成绩达到了A或者A+，我们才能写推荐信。”老师说这话的时候，范萱就在心里暗暗下决心：一定要突破英语的藩篱，无论多难。但当时已经是2月份，还有四个月就要毕业了，这么短的时间，如果成绩不好，补习都来不及呀!

“感谢南加州学院的老师!”范萱后来回忆自己在英语方面的进步时，无不感慨。她告诉自己的母亲，她非常幸运，遇到了南加州学院的老师。南加州学院的老师在教授英语语法上非常有方法，深入浅出的教学加上耐心辅导，让范萱很快掌握了英语语法的诀窍。在参加加州英语水平测试的时候，她的成绩不但是A，还是A+。当初中老师给范萱写推荐信时，掩饰不住内心的喜悦说：“Jennifer（范萱），我不给你打满分都不行，像你这么努力学习的学生我都没有见过。”

难能可贵的是，范萱在SAT的英语语法考试中考取了99分的好成绩，这个成绩即便是土生土长的美国孩子都很难拿到。但范萱，这个7年级才到美国的孩子拿到了。而且，她高中时期的AP课程物理和她当初最头痛的欧洲历史，都取得了非常好的成绩。

谈到孩子学业的成功，范萱的母亲感触很多。她说，自己的孩子天资并不在语言方面。从小范萱的数学最好，很小的时候就能够用电脑绘画，后来又学会了编写程序。但是她在南加州学院最大的收获就是英语的进步，如果没有这个进步加州大学伯克利分校也不会录取她。

范萱和同学们一起创办了数学俱乐部，提高同学们对数学的兴趣，在考试之前帮助同学们有目的地复习；她还到老人中心教老人们上网，帮助老人们看产品说明；从南加州学院结业了以后，她还不忘回馈学校，经常到这里为低年级学生辅导数学和英语。

她的爱心同学们看到了，加州大学伯克利分校的招生委员会也看到了，一张代表着对范萱充分肯定的录取通知书送到她手里的时候，朋友、同学、老师和家长祝贺的鲜花也送给了她。人们从范萱身上看到了，不是只有在美国出生的亚裔孩子才能进入美国的名牌大学，移民的孩子也一样可以。只要你努力，只要你找到了真正能够帮助你的良师益友。在范萱身上发生的故事，在你的身上也同样可以发生。

四、大卫·积奇：哥伦比亚大学的水中骄子

《虎妈的战歌》（The Tiger Mom）在美国引起巨大的争议后，很多美国人开始反思自己教育孩子的方法。作为一个基督徒母亲，安吉一直对虎妈教育孩子的方法不能认同。她的孩子从小患有多动症，还兼患有哮喘症，成长的过程非常艰难。就是这样一个孩子，在2013年高中毕业后被哥伦比亚大学录取，并参加美国国家队世界游泳竞标赛选拔赛进入前20名。哥伦比亚大学领队说，大卫·积奇是我们哥伦比亚大学的骄傲。一个有缺失的孩子变成名牌大学的骄傲，他的成长经历是怎样的？让我们听听她的母亲安吉的介绍吧。

（一）像狮子一样威严，像母羊一样慈爱

每一个母亲都爱自己的孩子，但爱孩子的方式各有不同。安吉爱孩子的方式，就是“狮子和羔羊养育（The Lion and Lamb Parenting）”。她教育孩子的理念是：一方面要像狮子一样威严，另一方面也要像母羊一样慈爱。她不喜欢父母像老虎一样，因为老虎式的父母在她看来就是让孩子服从于父母的霸道。

对于大卫，孩子从出生到现在，从来没有停止过给这个家庭带来

挑战。当大卫4岁时，安吉发现她的孩子有不同于其他孩子的问题。那就是孩子很难坐下来。只要一睁开眼睛，大卫就不停地跑跳，四处活动，好像有用不完的精力。同时，孩子又很难集中自己的注意力去完成某一件事情。对此，安吉伤心了很久。她和老公商议，要让孩子学习一门技艺，培养孩子一种爱好、特长，这样也许孩子能够慢慢改变多动的毛病。

在选择了很多项目以后，他们觉得让孩子学游泳可能对他会有所改变：一是小孩子喜欢玩水，游泳可以让孩子放松；二是游泳可以锻炼身体，让孩子多余的精力释放，还可以改变孩子注意力无法集中的问题。从大卫四岁开始，安吉每天带孩子去游泳。每天让孩子在水里游三十分钟，无论春夏秋冬，从不间断。为了让孩子喜欢上游泳安吉还经常带孩子去一些水上乐园，让孩子在冲浪中感受快乐、玩水中增加对水的兴趣。在这些活动中，大卫也真正地找到了自己的乐趣。

6岁那年，大卫参加社区儿童游泳比赛，获得了第一名。这次的获奖，对于大卫来说是一次极大的激励。他看到了自己优于他人的长处。从此以后，他喜欢上了游泳，也不惧怕比赛。安吉把他训练的时间改为每天一小时。

（二）尊重孩子，其实就是尊重自己

在大卫十三岁的时候，有一段时间非常拒绝游泳。他甚至认为游泳就是浪费自己的生命。看到那么多同龄的孩子在他游泳的时候随心所欲地玩耍，参加各种派对、看电影，大卫不想和他们不一样。他告诉妈妈，他不想再游泳了，他拒绝去游泳池，他要学其他的东西。

这时候，安吉并没有像老虎一样地教训孩子。她和丈夫商议了以

后，决定一切尊重孩子的选择。尽管孩子的决定不一定是对的，尽管孩子因为年龄小并不能对自己所从事的事务作出一个正确的判断，但是他们还是尊重孩子的决定。

安吉告诉大卫："我和你父亲商量了以后，决定尊重你的选择，我们给你两个星期的时间，让你来考虑。如果你真的不喜欢游泳了，那你喜欢什么，你去选择，我们都同意。但是，我们的时间是两周，两周以后，请把你的决定告诉我们。"

安吉当时很挣扎。她看到自己的孩子在游泳方面有天赋，也知道游泳对自己的孩子是非常适合的一种选择，但如果孩子在自己没有意识到这个问题的时候，强行要孩子去做他不愿意做的事情，结果肯定是适得其反。而在这种时候，反复的说教也是毫无用处的。她很担心孩子会放弃游泳，心中一直不停地祷告。

她的丈夫也给孩子提出善意的建议，让他作不同的选择，让他自己思考。两周的时间，大卫打了篮球，打了网球，参加各种派对，尝试了不同的爱好，也和同学们进行了深入的交流。当两周时间过去后，大卫回到家对妈妈爸爸说："我还是决定学游泳，我觉得自己还是最适合游泳。"安吉听了大卫这样的决定，她从内心里感到欣慰，因为自己的方法成功了。

（三）挫折让孩子懂得，自己不是最棒的，所以要努力

大卫出生在美国的一个中产阶级家庭。从小，他就没有受过什么挫折教育。学了游泳以后他经常感到比赛的压力，尤其当他参加一些大型比赛时，因为害怕失败，他紧张、担忧、生怕取得不了好名次。有时候，马上就要开始比赛了，他竟然想逃跑。在这个时候，安吉安

慰自己的儿子："你要战胜的不是对手，而是你自己。失败并不可怕，可怕的是你没有办法面对失败，总结经验。生活不是一帆风顺的，一个人一生肯定要面对多次失败，关键是看你在失败了以后能不能再站起来。"

大卫·积奇

大卫懂了。在比赛时他拿出全部的注意力奋力拼搏。2011年大卫获得了全美青少年游泳比赛前10名，同年，他也获得了南加州青少年游泳比赛自由泳项目冠军。

作为一个非专业游泳运动员，一个高中生是如何处理好学习与游泳的关系，如何安排好自己的时间，做到游泳和学习两不误，这很值得我们学习和思考。大卫几乎牺牲了自己所有的课外时间。而在学校里，他全身心地投入，专心学习。高中期间他除了应当完成的课程外，还修了三门AP课程。高中毕业的时候，他的GPA总成绩是3.2，达到了中上水平。

（四）学会关心他人，懂得回馈社会

哥伦比亚大学能够录取大卫·积奇，除了看到他的游泳特长外，还看到了他有一颗关爱他人、乐于助人的心。在高中的四年时间里，他每年暑假都免费教单亲家庭的孩子学游泳，让这些孩子在学习游泳的过程中，体会到更多的社会关怀；他还在社区的图书馆辅导那些新移民学习英语课程，在他的辅导下很多新移民面临的英语难题都得到了解决。

大卫的母亲安吉是一个虔诚的基督徒，又是一名护士。她长期义务帮助社区的残障人士，为他们解决有关医疗、交通、英语等方面的问题。母亲的言传身教给大卫很大的影响，他也逐渐培养起自己关怀弱势群体的情怀。在2012年感恩节期间，他和母亲一起到美国墨西哥边界和洛杉矶市中心，给那些无家可归的人发放食物，参加教会举办的各种慈善活动。2013年夏天，当他已经被哥伦比亚大学录取后，还同他的母亲一起到澳门福利院做义工，带那里的孩子们学习和玩耍，为孩子们做心理辅导，给孩子们表演魔术。

大卫长相俊美，又是游泳健将，很多女孩子对他表示爱慕。大卫对这些爱慕都表示拒绝。他知道，自己的人生才刚刚开始，走进哥伦比亚大学，等于自己的人生进入了另一个阶段。他要好好学习，先开拓出人生新的天地，然后再考虑个人的私事。他在哥伦比亚大学主修的专业是经济和金融。他的理想是：学好经济和金融，将来为美国经济的发展作出贡献。

让我们祝福他，在大学四年里取得丰硕的成果。

五、李丽莎：普林斯顿的跳水公主

中国的世界冠军退役了以后，有相当一部分人去了海外，担任一些体育俱乐部的教练。在美国，这样的前世界冠军可以数得出来的不下20个。在这些佼佼者的名单当中，李德亮的名字可能还不为许多人所知晓，但是要说起谭良德、熊倪，知道的人就多了。李德亮在1989年与潭良德、熊倪等队友一起参加第六届世界杯跳水赛，他本人获得了男子团体、男女混合团体两项冠军。

好汉不提当年勇。虽然李德亮从来不愿意提起他曾经获得过的冠军及奖项，但是一提起另外一个冠军：他的女儿李丽莎（Lisa Li），他的话题就明显多了起来。这个只有18岁的高中毕业生，在2011年全美跳水比赛中，获得了16至18岁年龄组的冠军。更让李德亮感到自豪的是，在2014年他的女儿收到哈佛、普林斯顿、耶鲁和哥伦比亚四所常春藤大学的邀请，请她参观他们的校园并申请他们的学校，这对一个移民孩子来说，是一个巨大的鼓励。当然，孩子在盛邀面前没有被冲昏头脑，她最后选择了普林斯顿大学，决定在那里度过她的四年本科生涯。

（一）我们要改变观念

作为世界冠军，李德亮从来没有放弃自己的理想。他从事了二十多年的跳水，来到美国最大的心愿就是建立一个自己的跳水俱乐部。但是当他的跳水俱乐部建立以后，他面临了很多同中国不一样的社会环境和形态，让他反思和感触很多。

普林斯顿的跳水公主

以前在国内的时候，他作为跳水教练专注的只是专业成绩，从不用过问有关俱乐部建立、管理、财务、人事等方方面面的问题。现在，事无巨细他都要亲自处理，一个细节搞不好就会出现大问题。这对他来说，是一个巨大的挑战。但是，更大的挑战是他要面对和中国完全不一样的学生。

当年在中国训练的时候，教练的严厉是学生们不敢质疑的。严格的训练加上时不时的体罚，让学生们在不得不做好的“恐惧”和对冠军的向往中获得好的成绩。而在美国，学习跳水的学生可以说没有一个人准备把跳水作为自己的终身职业。他们只是觉得好玩，酷，才愿意在这里学习，你管得太严他们就不学了。美国学生学习跳水不是出于未来的专业考虑，而是出于兴趣爱好，李丽莎也是一样。

对于这样的一群孩子，李德亮开始很不适应。但是他在心里暗暗地告诫自己，只有改变自己，才能够教出冠军学生。他全力以赴培养孩子们对跳水的兴趣，让孩子们看世界冠军的比赛，鼓励孩子们每一个小小的成绩，尽可能地带孩子们参加各种跳水比赛。对于李丽莎，他更是不遗余力。

他让孩子们自己制订计划，设定目标，并鼓励他们从最简单的目标开始，一步步增加难度。大家一起坐下来讨论计划的实施和达到目标的可能性，同时他还激励孩子们每一个成功的动作和方法。他知道，在美国选择跳水的学生并不像在中国那样都有良好的天资，自己的女儿李丽莎实际上也是天资平平。但是作为一个教练，要善于发现孩子们身上的闪光点，哪怕是一丁点儿，都要用最大的努力去开发。

他的激励式训练，真的取得了良好的效果，他俱乐部的学生伊凡（Ivan）获得了2011年分年级组冠军，他的女儿李丽莎获得了青少年组冠军，他俱乐部的另外一个女孩子也获得了2013年跳水冠军。

（二）建立责任心，为自己负责

美国的高中生同中国的高中生相比，比较喜欢追求生活中的独立性和自主性。对于女儿李丽莎，李德亮一直灌输给她的就是：你是一个独立的人，要对自己所做的事情负责。在这位爸爸看来，建立责任心是一个孩子成功的开始。

在李丽莎还上小学的时候，他每天带孩子练两个小时的跳水，周一至周六从不间断。当李丽莎初中毕业，高中课业紧张的时候，他让孩子自己制订每天的训练和学习时间表，和孩子讨论任务的完成情况。李德亮常对孩子们说，你们的时间表是自己制订的，你们对自己负责的最重要的表现之一就是说到就要做到。

李丽莎在高中学业最紧张的时候，还修了八门AP课程。训练、上课、读书、写作业。常常看到自己的孩子凌晨两点才睡觉，李德亮很心疼。但是他并没有让孩子减少什么，他知道自己这样的世界冠军是牺牲了学业换来的，所以自己对孩子的学业几乎提供不了任何的帮助。可在当代美国社会，放弃学业只专注于跳水训练是行不通的，因为这样训练出的人才不是社会所需要的人才，真正的人才必须全面发展。

他让李丽莎做好时间管理，提高效率。李丽莎也非常争气，无论是在汽车上，还是在任何可利用的时间，只要一有机会她就拿出书本学习。高中毕业时，她的SAT成绩达到了2 100分以上，GPA的成绩也在4分以上。这让她的父亲非常吃惊："以前并没有觉得自己的女儿有多么优秀，这才发现，原来孩子还真是不错呀。"而普林斯顿大学的教练看到李丽莎的课业成绩后，吃惊地说："像Lisa（丽莎）这样成绩好又有特长的孩子，我们还真是不多见呢！"

（三）学习专长相得益彰

当许多人知道李德亮教练的女儿被普林斯顿大学录取，都认为这是因为李丽莎会跳水，并且获得过全国青年组的冠军。对于这样的说法，李德亮不完全赞同。他认为，他的大女儿同小女儿相比，在跳水方面并没有很多的天分，他也不希望自己的大女儿一辈子就从事跳水运动。但是在他看来，女儿参加跳水训练培养了勇敢、坚韧、负责、合作、不放弃、不怕失败的品格，这也使她在学业中遇到困难和问题时从不逃避，而是努力地想办法解决。在他的跳水俱乐部里，不但他的女儿学习好，跳水好，其他的孩子也都是全面发展的榜样。他俱乐部的另一个孩子，GPA成绩是4.8分，SAT成绩达到2 360分，被美国著名的威廉姆斯学院（Williams College）录取。

看到俱乐部的孩子们都有很好的发展前景，李德亮不无感慨。他表示：教育是百年大计，教育孩子不仅是给孩子们灌输知识，更应当培养孩子们良好的品德，让他们全面发展。体育俱乐部是一个很好的能使人的性格变得刚强和勇敢的平台，更是一个交流的场所。孩子们在这里学到的不仅是知识，还学会了相互帮助、相互交流、相互鼓励。丽莎能做到，相信更多的人也能做到。

六、徐善玲：2002年玫瑰花车第一位华裔皇后

作为一个小姑娘，徐善玲（Caroline Hsu）每到新年的第一天都要早早地起床认真地打开电视机，观看一年一度的帕沙迪纳玫瑰花车游行。她关注的重点不只是那些漂亮的花车，还有站在玫瑰苑花车上的年轻的玫瑰公主和玫瑰皇后。

真的令人难以想象，这样一个羡慕别人的小女孩，有这么一天，她自己也站在了那美丽的玫瑰苑中，向城市所有前来观看花车的民众挥手致意。而最让她感到自豪和骄傲的是，她不仅是7个玫瑰公主中的一员，还是她们中间最为突出的一个——玫瑰皇后，从近千个竞争者中脱颖而出。不仅如此，她还是自举办玫瑰花车游行以来，第一位被评选为玫瑰皇后的年仅17岁的华裔女子。

看到自己的女儿站在花车上，徐妈妈不无感慨地说，“小的时候，善玲就是一个精力充沛、非常关心外界事物的孩子。她做任何事情都执着、有热情。到了高中阶段，她的兴趣更扩展到了校外，她尽可能多地参与课外活动，成为圣马力诺高中非常活跃的积极分子。”

徐善玲的兴趣非常广泛，可以说是“能文能武”。在武的方面，她不但参加跆拳道的训练，还是个跆拳道黑带。她创办了圣马力诺跆拳道俱乐部，在当时就有20多名成员。她还参加学校拉拉队的排练，在拉拉队中她的号召力和鼓动力，都是其他人所羡慕的。

在文的方面，她是学校校刊的主编也是学生会的成员。在高中四年级的时候，她作为学生代表还参加圣马力诺联合学区董事会会议，倾听家长和学区代表对于教学方面的意见和建议。在这些繁忙的课外活动中，她从来没有忘记自己的基本使命：学习。当她以优异的成绩从高中毕业并且考取美国西海岸的名校时，很多人对此并不感到惊讶，他们说：“徐善玲就应当上这样的学校。”

当上了玫瑰皇后以后，尽管同学们看她的眼光改变了，但徐善玲的生活没有太大的改变。她还像以前一样整理自己的房间，帮助妈妈打扫卫生。有些调皮的同学在走廊上遇见她向她行皇后礼，她还是嘻嘻哈哈地同他们打着招呼。

看到孩子这么开朗，孩子的父亲说：“玫瑰花车游行委员会选对了人，徐善玲是一个非常热心公益事业的孩子，她站在玫瑰苑的花车上，是给其他的孩子们树立了一个榜样。”学生顾问也向媒体介绍说：“Caroline Hsu （徐善玲）是一个喜欢探寻知识的人。”

徐善玲也说，当她被选为玫瑰皇后以后，她享受着所有人的关注和马不停蹄的活动。随便列举一天的日程：白天在校学习，晚上去中世纪时代普安那公园参加那里的庆祝活动，活动一直持续到清晨。回到家之后，还要完成作业。但她睡了三个小时后就又精神抖擞起来：吃早餐，和他的弟弟和妹妹一起去上学。

新的一天，她要赶去上英语、物理学、经济学等课程。在午餐的时候，她与学校的校刊编辑同学们一边吃饭一边讨论校刊的工作，对于一些还没有讨论完的问题他们决定在放学之后继续再谈。刚刚从学校出来，她又要和其他6位玫瑰公主见面，一起去拜访那些帕萨迪纳市的荣誉市民。

如此繁忙的日程，都不能睡觉，真的值得吗？对此，徐善玲却笑着说："这么大的荣誉降临在我的头上，少睡点觉当然是值得的。"当花车游行进行的时候，她要带上沉重的王冠，但是她在整个过程中一点也不觉得辛苦。

高中毕业后，徐善玲想上加州的大学，她想当一名儿科医生。小的时候她曾经哮喘发作，她母亲带她去医院，是一个年轻并且美丽的医生治好了她的病，从此在她小小的心灵里就种下了当医生的种子。

徐善玲的姐姐，也是她生活中的好榜样。在姐姐眼里，徐善玲有决心，有抱负，总是知道自己应当做什么和怎样做。姐姐说："善玲有独特的幽默气质，有时候她表现得很傻，有时候又表现得很成熟。""其实她很有智慧，对生活中遇到的每一种情况都会用平静的心态对待，我为她感到骄傲。"

现在，徐善玲已经是一个物理治疗师，在加州大学洛杉矶分校罗纳德·里根医疗中心工作。

后 记

美国教育成功在哪里？很多人送孩子到美国上学之前，可能都会在内心问自已好几遍这样的问题。是先进的设备？优良的师资？合理的制度？美丽的环境？是，又不是。教育是众多领域的综合体，它不能用单纯的指标来衡量。那么，为什么众多的家长要把孩子送到美国读书呢？现在，不只是大学生，高中生、初中生都多如过江之鲫来到美国上学。这说明什么问题？在我们的这本书里，不只向读者介绍了有关美国大学的一些特点和排行，更重要的是，本书介绍了一些有关提高学术成绩硬实力和培养人格特质软实力的方法和技巧，这些硬实力和软实力都是美国大学尤其是名牌大学招生考量的重要指标。

目前社会上有关升学教育的书籍和出国留学机构介绍美国大学的资讯多如牛毛。很多孩子和家长不知道该如何选择。我在写这本书之前，内心也很挣扎。现在网络如此发达，写一些介绍性的文字，有人看吗？是的，网络信息的发达，给人们带来了极大的便利，但也给人带来了选择的困扰。铺天盖地的网络信息良莠混杂，有的甚至出现了方向性错误。

因此，识别很重要。作为一个从事新闻工作30多年的老记者，长期采访升学教育的机构，有一点心得体会，也收集到不少资料。在此把这些资讯作一个全面的总结，让我们的孩子在出国留学时，明确未来目标，尽量少走弯路，本书的目的就达到了。

另外我在这里想告诉读者的是，不少家长和孩子对于名校有太多的期盼，对名校的评价也过于主观。很多家长的目标就是要让孩子进入美国的名校，不进名校誓不罢休。这是一种错误的观念。我们知道，教育的根本是培养人才，而人才的本质是有益于社会发展。

因此，我在这本书里，所强调的就是留学生要了解在美国接受西方教育的最高目标在于把自己培养成一个有人文情怀、有国际视野、有益于社会的人。感谢我的姐姐赫锦荣花费了大量的时间帮助整理有关的资料。如果本书能够为那些赴美留学的莘莘学子提供一些有用的信息，笔者就得偿所愿了。